大東亜戦争の実相

瀬島龍三

PHP文庫

○本表紙図柄＝ロゼッタ・ストーン（大英博物館蔵）
○本表紙デザイン＋紋章＝上田晃郷

志と精神の継承——発刊にあたって——

今、日本は、最大の危機を迎えている。

戦後日本人は、数々の経済的危機を乗り越えてきた。しかし、我々が直面している今回の危機は、精神の弛緩による日本興廃の危機なのかもしれない。

何か大切なものが、連綿として続いてきたある何ものかが断たれようとしている。

歴史や伝統に支えられ、培われてきたいわゆる精神の拠り所というべきものが、根底から破壊され、崩壊しているのではないか。

ことに、国家運営の要路にある人々の数々の不祥事、喪志退嬰の姿を見るとき、この国の将来はこのままではどうなってしまうのだろうかという不安と暗澹たる思いが交錯する。

思えば、あの敗戦後の悲惨な混乱を乗り越え、奇跡の経済復興、奇跡の高度成長の実現に必死に取り組んだ日本人の心中深く期した「思い」と原動力とは一体何であったのだろうか?

敢えて誤解を恐れずに言えば、それは、幕末、明治維新以来、敗れたとはいえ大東亜戦争に至る、弱肉強食、阿修羅の苛烈な世界のただ中にあって、誇りある独立国家として日本を守り抜かんとした日本人の「志」と「精神」の蘇生であり継承であったにちがいない。

そして、今、この明治、大正、昭和を貫く精神の遺産ともいうべきものを、われわれ平成の世の日本人が食いつぶそうとしているのかもしれない、という虞《おそ》れを抱く。

二十一世紀の未来に向けて、日本を力強く再興するためには、今一度、日本人が歩んできた歴史に謙虚に学ばねばならないと思う。

そのような問題意識を持っているとき、偶然の折に瀬島龍三先生がハーバード大学で大東亜戦争に関してご講演された際の記録が残されていることを知った。私は早速探し求め、拝読させていただくことになったのである。

その講演録は深い感銘と、多くの示唆を与えられるものであった。

そして、このような学問的にも歴史的にも価値が高く、後世に読み継がれるべき内容を書籍にして発刊する使命があると思い、瀬島先生にかなり強引にお願いさせていただいた。

最初はあっさりと断られてしまった。しかし、私の発刊への思い断ちがたく、執拗にお願いし続けたところ、ついに先生も呆れられたのかお許しを下され、発刊の運びとなったのである。

本書では、客観的な大東亜戦争の分析と同時に、当時の指導者層の戦争回避に向けた努力と苦悩が綴られている。そこから日本を支えてきた先輩方の「思い」と「志」を汲み取り、二十一世紀の日本のあり方を考えていただければ、望外の幸せである。

平成十年四月二十七日

PHP研究所副社長

江口克彦

まえがき

一九七二年十一月、米国ハーバード大学ジョン・F・ケネディ・スクール・オブ・ガバメント（ライシャワー元駐日大使らが教鞭をとった政治学・行政学を中心とする大学院）でハーバード、MITなどの国際関係学者約五〇人を前に、私は同大学院からの要請による「一九三〇年代より大東亜戦争開戦までの間、日本が歩んだ途の回顧」というテーマで、講演を行った。

戦後日本は、大東亜戦争を全面的に否定するところから出発した。しかし、「多くの反省点はあるものの、存亡の危機にあって、必死に日本を守ろうとした人々の行動は再評価されるべきではないか」。私は常々そう思っていた。その考えを米国の人々に対して問いかけたのである。

それから四半世紀が過ぎ、二十一世紀を目前に控えた今日、日本は興廃の危機に陥っている。政界、官界、経済界の指導層には国の誇りを守るという気概と覚悟がややもすると薄れており、このままでは激変する世界の大波にのみ込まれてしまうかもしれない。

私は今こそ、明治維新以来、先人が為してきたことを真摯に見つめ直す必要があるのではないかと思う。

そのような折、PHP研究所の江口克彦副社長からハーバードでの「講演録」を是非とも発刊させて欲しいという熱心な要望をいただいた。私は、「世に広く問うようなものではない」と思い躊躇したが、丁重かつ熱情込めたお勧めに心を動かされ、お引き受けすることにしたのである。

本書を通して、これから日本をリードしていく読者の方々に、先人が為した歴史を正しく認識していただき、そこから二十一世紀日本の未来を開く方途を見出していただければ望外の幸せである。

最後に一つお断りをしておきたい。

本書の基になるハーバードでの講演に当たり、幾人かの専門家に資料提供、事実関係の確認などに関してご協力をいただき、原稿を準備した。しかし、七月に先方から講演の依頼があり、十一月に講演するというあわただしい日程の中、早々の間に講演の原稿をまとめざるを得ない状況であった。そのため、細かい記述に誤りが見受けられるかも知れない。その点についてはご容赦いただければ幸いである。

平成十年五月一日

瀬島龍三

大東亜戦争の実相　目次

終章　回顧よりの教訓　297

序章

「大東亜戦争」という呼称について

私ただいまご紹介を戴きました瀬島龍三でございます。私の履歴の概要につきましては、お手許に差し上げました別紙に記しておきました通り、私のような一介の陸軍軍人ないしは商社マンが、図らずも、つとに世界的令名の高いハーバード大学において、皆様方にお話し申し上げる機会を得ましたことは、誠に光栄至極に存ずる次第でございます。

　私は一九三九年末から一九四五年七月まで日本の陸軍最高統帥部の作戦部に勤務し、全軍作戦の企画立案指導にあたったものでございまして、終戦直前満洲（現在の中国東北部）の関東軍参謀に転じましたため、終戦後十一年間ソ連に幽閉抑留されましたが、最高統帥部在任中の仕事の数々については、なお記憶に新たなるものがあるのでございます。私は自分の体験に基づき、一九三〇年代より開戦までの間における日本側の動き、または考えに関する事実を、厳に虚飾を排して率直にお話し申し上げたいと存じます。「事実をして語らしめよ」というのが、私の本旨でございまして、それによってこそ初めて皆様方の学問的ご期待に副《そ》い得るのではないかと考える次第でございます。

最初におことわり申し上げたいことがございます。それは一九四一年十二月八日（ワシントン時間十二月七日）、日本と米英蘭三国との間で開始されました戦争の呼び名のことでございます。現在日本の言論報道人の多くは「太平洋戦争」と呼んでおりますが、私は日本の歴史が規定いたしまする通り、これを「大東亜戦争」と呼ぶことにいたしたいのであります。

日本は開戦直後の一九四一年十二月十日、あとで詳説いたしますが、当時は日本国の実質上の最高意志決定機関ともいうべき大本営政府連絡会議において、「今次の対米英戦争及び今後情勢の推移に伴い生起すべき戦争は、支那事変を含めて大東亜戦争と呼称する」ことを決定いたしました。

申すまでもなくこのときまで四年半にわたり（一九三七年〜一九四一年）、日本は中国に対する軍事行動を続けてきたのでありますが、この軍事行動を、日本はあえて「事変」と規定し、「支那事変」と呼んで参りました。それは「戦争」と宣言した場合、主として米国が日本に対する物資の輸出を禁絶するであろうと虞《おそ》れたからであります。

この大本営政府連絡会議の決定により――決定案文は洗練を欠くものでありますが――「支那事変」という呼称は過去のものとなり、中国に対する軍事行動――一九四〇年十一月末日、日本政府は南京《ナンキン》に位置する汪兆銘《おうちょうめい》氏の新政権を中国の正統政府として承認しましたので、厳密には重慶《じゅうけい》に位置する蔣介石《しょうかいせき》政権に対する軍事行動というべきでありましょう――と米英蘭三国に対する戦争とを、一括して「大東亜戦争」と呼称することになったのであり、一九四五年八月参戦したソ連との戦争も、「大東亜戦争」に包括されるのであります。

しからば「大東亜戦争」とはいかなる意味合いでありましょうか。それは大東亜新秩序を建設するための戦争であるから「大東亜戦争」と呼ぶというわけのものではないのであります。単に大東亜の地域において戦われる戦争という意味合いに過ぎません。大東亜の地域とは、おおむね、南はビルマ以東、北はバイカル湖以東の東アジアの大陸、並びにおおむね東経一八〇度以西すなわちマーシャル群島以西の西太平洋の海域を指すのであります。インド、豪州は含まれておりません。しかるに戦後次のような連合軍総司令官マッカーサー元帥の通達が出されました。「公文書に大東亜戦争、八紘一宇《はっこういちう》なる用語ないしその他の用語にして、日本語としてその意味の連想が、国家神道、軍国主義、過激なる国家主義等と切りはなし得ざるものは禁ずる」というのであります。爾来日本の政府を始め、民間の言論報道人は、公文書私文書を問わず、「大東亜戦争」という呼び名を使用しなくなり、中にはその呼び名を使うことを嫌悪するものさえも生ずるにいたったのでありまして、占領終結に伴い通達の効力が自然消滅した後におきましても、その慣行が続いているのであります。

しかし「大東亜戦争」という呼び名は、日本においては戦争の間施行された法令条規の随処に使用されており、それ自体蔽《おお》うべからざる歴史的事実であります。特に私共直接戦争遂行の衝《しょう》にあたった者にとっては、格別なじみの深いものでありまして、本席お話を申し上げるにあたりましても、「大東亜戦争」という呼び名を使うことにいたしたいのであります。

第一章 旧憲法下における日本の政治権力の構造上の問題点

——戦争指導機構の弱体

「統帥権の独立」問題

行政権の範疇に入らない統帥権

さて、一九三〇年代より大東亜戦争開戦までの間日本が歩んだ途《みち》につきお話し申し上げる前に、まず以て、旧憲法下における日本の政治権力の構造上の問題点、なかんずく、国策運営の機構、日本流にいえば戦争指導機構がいかに弱体であったかにつき、ご説明申し上げるのが、皆様のご理解を得易いかと存じます。

旧憲法（一八八九年制定、一九四七年廃棄）の第一条に「大日本帝国は万世一系の天皇之を統治す」とあり、日本における国家の統治権すなわち国家主権は天皇に帰属するところでありました。しかし「天皇は帝国議会の協賛を以て立法権を行い」「司法権は天皇の名に於て法律に依り裁判所が之を行う」のであり、行政権に関しては明示の規定はありませんが、天皇が内閣を構成する「各国務大臣の輔弼《ほひつ》」によりこれを行うものであることは明らかでありました。すなわち旧憲法においては統治権は天皇に帰属しますが、天皇はその「統治権を総攬《そうらん》」するだけでありまして、実質的には近代国家の三権分立の一般構造同様に、立法権は議会、司法権は裁判所、行政権は内閣（政府）に帰属していたと見なし得るものでありました。

問題は戦時または事変の際における用兵、作戦に関する企画、立案、実行の権限、換言すれば軍の指揮権——日本では用兵、作戦のことまたは軍を指揮することを「統帥」、その権限を「統帥権」と称しました——が行政権の範疇に入るか否か、従ってそれを管掌する国家機関は内閣（政府）であるか否かの点でありますす。欧米の一般では、軍の統帥は行政権の範疇に入りそれはもとより政府の管掌する所であります。

しかし日本の旧憲法には、第一一条に「天皇は陸海軍を統帥す」という特定条項があります。これを天皇の「統帥大権」と通称しましたが、この統帥大権は行政権の範疇外のものとなっており、行政府とは別個に天皇に直接隷属する統帥部がそれを管掌する仕組みでありました。統帥部とは陸軍の参謀本部、海軍の軍令部がそれであり、そのそれぞれの長官たる参謀総長または軍令部総長が、天皇の陸軍または海軍に対する統帥権の行使を、それぞれ輔翼《ほよく》――各国務大臣が天皇の行政権行使を輔佐するのを「輔弼」、各統帥部長が天皇の統帥権行使を輔佐するのを「輔翼」と称しました――するのであります。

もとより陸海軍に関する行政すなわち軍政（例えば陸海軍に関する予算）は、欧米一般同様内閣（政府）を構成する陸軍大臣（陸軍省）または海軍大臣（海軍省）の管掌するところでありますが、その陸軍大臣（陸軍省）と参謀総長（参謀本部）、海軍大臣（海軍省）と軍令部総長（軍令部）とは、いずれも天皇に直隷する併立の独立機関であったのであります。

以上が日本において特筆された「統帥権の独立」であり、統帥部及び軍一般は、政府及び政治一般の、統帥に対する容喙《ようかい》干渉を峻拒《しゅんきょ》する慣習伝統が確立していたのであります。

陸海軍大臣の特異性格

さきにふれたごとく、陸海軍に関する行政すなわち軍政は、陸海軍大臣の管掌するところでありますが、その軍政は一般的行政と軍事専門的行政とに大別されます。軍事専門的行政とは軍の編制、装備、兵力量等に関する事項であり、私共はこれを統帥と軍政との「混成事項」と称しておりました。

しかるに旧憲法第一二条に「天皇は陸海軍の編制及常備兵額を定む」とあり、この天皇の権限を、上述の憲法第一一条に基づく「統帥大権」と並べて「編制大権」と称していたのであります。すなわちこの編制大権、換言すれば既述の混成事項に関する行政権も、統帥権と同様に原則的には内閣に帰属すべき一般行政権の範疇外に属すると見なされることが多かったのであります。

そしてそれを輔翼するのはもとより陸海軍大臣であり、陸海軍大臣は参謀総長及び軍令部総長とそれぞれ協議の上、混成事項の決定にあたりました。これは原則として閣議に付議する必要なく、関係機関と調整の上その決定を内閣総理大臣に報告する慣習であったのであります。

かくて陸海軍大臣は、(イ)国の行政全般の議に参画する国務大臣であり、(ロ)陸海軍省の主管大臣であるの外、(ハ)編制大権に関する天皇の輔佐者であり、さらには後に述べる大本営の構成員でもあるのでありました。しかるがゆえに陸海軍大臣は現役大中将でなければならぬ、という陸海軍省官制の規定があり、後でふれますが、この規定こそが日本の運命に重大な影響を及ぼしたのでありました。

大本営

一九三七年十一月すなわち支那事変の全面戦争化に伴い——事変勃発は同年七月七日——日本は天皇の統帥権行使を輔翼すべき戦時の最高統帥機関として、平時機関たる参謀本部及び軍令部と二位一体的な大本営を特設いたしました。大本営は陸軍部と海軍部に分かれます。大本営陸軍部（海軍部）は、参謀総長（軍令部総長）以下参謀本部（軍令部）の主要人員を動員した司令部組織に、加えて混成事項の輔翼者たる陸軍大臣（海軍大臣）が陸軍省（海軍省）の主要幹部を従えてこれに加わったものであります。従って大本営はあくまで、統帥機関であり、一般行政府と全く別個の機構であります。

大本営特設の狙いは、単一化した機構の下に、統帥と軍政との統合、調整及び陸海軍の策応協同を適切敏活ならしめると共に、内外に対する最高統帥の戦時態勢を誇示するにありました。しかし大本営の執務場所は従前通りの参謀本部、軍令部または陸軍省、海軍省であり、一時期参謀総長及び軍令部総長のみが秘書を従えて午前中のみ宮中の一室で執務するという形をとりましたが、かえって不便のため永続きしませんでした。その執務要領も一元的機構とは名ばかりで、これら四機関の間の従前の執務振りとほとんど変わらず、所詮大本営は古典的ないかめしい呼び名ではありましたが、前述の設置目的を達成するに至らなかったのでありました。

二十世紀において日本が比較的大きな兵力を使用した戦争または事変として、日独戦争、シベリア出兵がありましたが、この両者の場合は大本営は設置されませんでした。

大本営政府連絡会議

統帥権の独立している日本においては、統帥部すなわち大本営の行う統帥（用兵作戦）と、行政府の行う外交、財政経済、教育思想等の政治との、統合、調整、換言すれば大本営の行う戦略と行政府の行う政略との統合、調整が、戦争遂行上重要な課題となりました。

日本においては大本営の行う戦略すなわち「用兵作戦」に対し政戦両略の統合、調整のことを「戦争指導」といったのであります。戦後これを「国家戦略」または「大戦略」と称する向きもあるようであります。

さて、軍事戦略は大本営、政略は政府が管掌するのでありますが、戦争指導はどこが管掌するのでありましょうか。申すまでもなく、旧憲法下ではそれを行う権限を持たれる方は、天皇御一人をおいて他にないわけでありますが、その天皇を戦争指導に関し、輔佐する固有の国家機関は遺憾ながら法的にも実質的にもなかったのであります。従って戦争指導は大本営と政府とが対等の立場において、共同して管掌するわけでありまして、戦争指導に関する国家意志の決定は両者の協議による合意を待たなければなりませんでした。

かくて日本では一九三七年十一月大本営の設置に伴い、大本営と政府との申し合わせにより、戦争指導に関する国家意志の実質決定機関として、「大本営政府連絡会議」を設けました。便宜的措置であり、法的機関ではありません。

連絡会議の構成員は、政府側は総理、外相、陸海軍相を正メンバーとし、時により蔵相、企画院総裁、副総理格の無任所相等がこれに加わり、大本営側は、参謀総長、軍令部総長を正メンバーとし、時により参謀次長、軍令部次長がこれに加わるのが例でありました。

連絡会議の事務局としての機能は、内閣書記官長、陸海軍両軍務局長の三人（戦争末期総合計画局長官がこれに加わり四人となった）が幹事となり――幹事は常に連絡会議に出席する――内閣官房、陸海軍省、参謀本部、軍令部（時により外務省が加わる）の戦争指導事務を担当するスタッフが、幹事を補佐するという便法により運営されたのであります。

大本営政府連絡会議は当初必要に応じてその都度開きましたが、戦局の急迫化に伴い一九四〇年十一月以降は、恒例的に毎週一または二回開かれました。

大本営政府連絡会議の決定は、天皇に上奏し、所要事項について天皇の裁可をうける形となっておりました。いずれにしてもそれは実質的には国家の最高意志の決定であり、大本営、政府の両者はこれを尊重し、一方的に破棄するようなことはありませんでした。しかし政府の行政に関する最高意志の決定は、内閣官制によって閣議の決定を必要としますので、政府は連絡会議決定事項中統帥関係事項を除いた部分につき、あらためて閣議決定の手続きを行いました。それは形式的であり、否決されるようなことは全くありませんでした。ちなみにその閣議決定のため別個の議案が起草され、従って外務省によって必要に応じ、海外駐在大公使に電報されたのはこの閣議決定案文であり、米国政府が一九四一年以降日本の暗号を解読して知った日本の政策の中には、実はそれが含まれていたのであります。

御前会議

重要なる戦争指導上の方策（国策）の決定にあたっては、宮中において天皇御臨席の下に大本営政府連絡会議が開かれました。これを「御前会議」と申しました。すなわち御前会議とは、明治時代は別とし、本質的には天皇の御前における大本営政府連絡会議を指すのでありまして、もとより天皇の主宰される会議というものではありません。

もっとも御前会議の議案は、事前に大本営政府連絡会議において合意に達し、御前会議席上ほとんど変更の余地なきものとし、議案の提案理由、所要事項の説明等に関しても、事前に関係当局間の討議、合意、成文化を経ているのでありまして、御前会議においては通常、内閣総理大臣の議事進行の下に、天皇の上聞《じょうぶん》に達するよう議事を進め、決定を取り運ぶというやや形式的なものでありました。

ただ御前会議には特に枢密院議長が出席するのが慣例でありました。枢密院とは天皇の諮問に応じ、法律に定められた重要国事を審議する機関であり、行政府または統帥部に対し第三者的立場の機構であります。枢密院議長が御前会議に出席するというのは、枢密院を代表して出席するという主旨ではなく、天皇の特旨によりいわゆる国家の重臣を代表しての出席であったと思われます。

御前会議において枢密院議長は、政府または大本営陸海軍部に対し、第三者的立場から活発な質疑を行い、また大局的見地から独自の意見ないし勧告を陳述するのが常でありました。

天皇はほとんどの場合会議を聴聞され、あるいは御下問をされるのが通常でありましたが、周知のごとくポツダム宣言受諾にあたっての二回の御前会議においては、会議構成員の和平、抗戦両論の伯仲に対し、天皇が明確に断乎として戦争終結の裁決を下されました。一九三七年大本営設置以来終戦までの間に、御前会議は一五回開かれておりますが、天皇の御自らの意志と発言によって議事が裁決されたのはこの二回だけであります。

明治憲法の構造的問題

内閣総理大臣権限の弱体

日本の新憲法（一九四六年制定）下における内閣総理大臣の権限は極めて強大であり、これと比較しますと、旧憲法下の内閣総理大臣の権限は弱体でありました。

既述のように統帥事項はもとより、統帥と軍政との混成事項も、内閣総理大臣の権限外であり、従って内閣総理大臣はもとより大本営の構成員ではありません。戦争末期、小磯国昭《こいそくにあき》（陸軍大将）、次いで鈴木貫太郎《すずきかんたろう》（海軍大将）両首相のみは、天皇の特旨により、大本営の議に列することを許されました。それはただ大本営において、戦況の説明、報告を受けることができるという程度のことに過ぎませんでした。

新憲法では、国務大臣は内閣総理大臣が任命し、内閣総理大臣は「任意に国務大臣を罷免することができる」が、旧憲法では、国務大臣は天皇が任命し、各国務大臣がおのおの「天皇を輔弼しその責に任ずる」ものであります。従って内閣総理大臣は国務大臣を罷免することはできません。各国務大臣から天皇に対し辞表が提出される場合――内閣総理大臣がこれを取り次ぐ――にのみ更迭を行うことができるのであります。

新憲法では、内閣総理大臣は「内閣の首長」であり、「行政各部を指揮監督」しますが、旧憲法では、内閣総理大臣は「各大臣の首班」であり、「行政各部の統一を保持」するに過ぎません。

従って旧憲法下では、閣内で一人でも意見を異にするときは、閣内意見不一致のゆえを以て総辞職の外はありませんでした。意見を異にする国務大臣が自発的に辞職し、その更迭の結果、閣内意見の一致を求め得る場合でも、所詮政治問題化して総辞職に追い込まれる場合が多かったのであります。

さらに注目を要することは、さきにふれた陸海軍大臣の現役武官制が、総理大臣にとって恐るべき兇器であったという件であります。

明治以来日本の陸海軍大臣は終始現役武官をもってあてられました。制度としては時期により予備役武官または、武官でなくてもよいこともありましたが、一九三六年五月以降は現役武官制が堅持されたのであります。

その現役武官制とは、陸（海）軍省官制において「大臣及び次官に任ぜらるるものは現役将官とす」と規定されておりました。

すなわち陸（海）軍は、陸（海）軍大臣を辞職させ、その後任候補を差し出すことを拒否してその内閣を総辞職に追い込んだり、新内閣の陸（海）相候補を差し出すことを拒否して、その内閣の成立を阻止したりすることが出来るのでありました。何人《なんぴと》といえども現役にある限り、そのときの陸海軍の一般的意向に反して、内閣に止まったり、入閣したりすることは困難でありました。特に陸軍においては、将官の人事は陸軍大臣、参謀総長、教育総監（軍隊の教育訓練を管掌する天皇直隷の最高機関の長）三者の協議決定によるという規定があり、陸相候補の選出もこの「三長官会議」にまたねばならないのでありました。

かくて陸軍は一九三七年一月、宇垣一成《うがきかずしげ》陸軍大将の組閣を阻止し、また一九四〇年七月現状維持的な米内光政《よないみつまさ》内閣を総辞職せしめたのであります。そしてこれらとは若干事情を異にしますが、一九一四年組閣の大命を受けた清浦奎吾《きようらけいご》は、海軍大臣候補から海軍軍備拡張に関する強硬な要求を突きつけられて組閣不能に陥ったのでありました。

陸海軍の対立

申すまでもなく、参謀本部（軍令部）と陸軍省（海軍省）とは、共に天皇に直隷する併立機関であり、いずれか一方が他方を統制するという関係にはありません。勢い両者間に業務遂行上の対立ないし意見不一致の生ずることは免れません。しかし同じ陸軍（海軍）内のことであり、おのずから適当な調整ないし妥協が成立しました。

しかし陸軍と海軍との対立、すなわち参謀本部と軍令部（大本営陸軍部と大本営海軍部）、または陸軍省と海軍省との対立は、時に深刻なものがありました。それは後で述べますごとく明治末年以来長きにわたり、国防方針の大分裂をも調整統制することができなかった程のものでありました。

米国においても陸海空三軍ないしは海兵隊を交える四者の間に、大なり小なり対立のあることは周知の事実でありますが、米国においては国防長官ないしは大統領による強力な統制が行われております。日本においては総理大臣は既述のようにこれに関し全く法的に無力であり、独り天皇のみが陸海軍の間を調整統制し得る憲法上の地位にあられましたが、天皇は絶大な権威を御持ちであっても、その権力を行使されることはほとんどなかったのであります。

一九四〇年十一月末、日本と汪兆銘氏の新国民政府との間で締結された日華基本条約及び付属文書の成立に、中心的役割を果たしたのはもとより陸軍でありましたが、その陸軍省事務当局の主任者であった石井秋穂《いしいあきほ》陸軍大佐（当時中佐）——東条英機《とうじょうひでき》陸軍大臣の最も信頼する政策立案者であった——は、次のように述懐しているのであります。「参謀本部及び海軍を始め、政府各省又は民間からさまざまな対支要求があった。商工省は揚子江下流三角地帯に対する経済上の強い掌握を主張して来た。文部省さえもが教育問題で意見を出す始末であった。しかし各省のこれらの主張はおさえることが出来た。参謀本部の要求をおさえることも困難ではあったが不可能ではなかった。但し海軍の要求をおさえることは全く不可能であった」というのであります。

天皇「君臨すれども統治せず」

以上申し述べたことを要約すれば次のようになるでありましょう。旧憲法下の日本においては内閣総理大臣と陸海軍両統帥部長（参謀総長、軍令部総長）の三者は、全く併立対等の存在であります。その内閣総理大臣は閣内において各国務大臣の首班であるに過ぎませんでした。しかも統帥と行政とのいわゆる混成事項は、陸海軍大臣の輔佐事項であり、内閣の権限外であります。そしてかかる権限をもつ参謀総長と陸軍大臣、または軍令部総長と海軍大臣とは、それぞれ陸軍または海軍という併立的な二大勢力を形成していたのであります。

かくて戦時または事変における日本国家の運営は、内閣、陸軍、海軍の三極構造、または内閣総理大臣（外務大臣）、陸軍大臣、参謀総長、海軍大臣、軍令部総長の五（六）極構造を以て行われたのであります。そこにはいわゆる独裁の危険は皆無であると共に、決断と事務の停滞、時間と精力の浪費、妥協に伴う矛盾と不統一、無原則、無目的の弊風を免れなかったのであります。

実に旧憲法下における日本のごとく、その国家権力が分散牽制して、集中統一性を欠いたものは少ないと確信します。憲法の形式論としては、統治権を総攬される天皇のみがその集中統一を図り得る地位にあられ、天皇はそれを図り得る絶大な精神的権威を御持ちであられました。

しかし天皇なかんずく昭和天皇はその権力を、一九四五年八月の終戦決定以外は直接行使されませんでした。すなわち天皇はその権力を国務大臣の輔弼、両統帥部長または陸海軍大臣の輔翼、行政と統帥との総合事項に関しては大本営政府連絡会議の決定を、それぞれまって発動せられ、陸海軍の統帥、軍政両面の対立に対しては、両者の妥協合意が成立するまで発動されることはなかったのであります。

ただしこの間にあって、昭和天皇は国務大臣または両統帥部長の上奏時の御下問奉答等を通じ、激励、注意、暗示、示唆等を以てその御考えを間接的に示されることがしばしばでありました。

一九四一年九月六日御前会議において、米英蘭三国に対し、戦争を辞せざる決意の下に、十月末を目途に戦争準備の完整と対米外交の促進を併進させることが決定されましたが、そのときの質疑応答において、原嘉道《はらよしみち》枢密院議長が政府、統帥部両者に対し、戦争準備と対米外交のいずれが重点かと質問いたしました。文面上はいずれが重点ともきめていないわけですが、及川古志郎《おいかわこしろう》海軍大臣が政府を代表する形で、外交が重点であり、そのことは統帥部も同意見である旨答辞したのであります。そこで両統帥部長は及川海相が統帥部の考えをも代弁したものと思い、特に発言いたしませんでした。それが御不満の天皇は極めて異例にも特に御発言があり、両統帥部長の無答弁を叱責されると共に、明治天皇の御製「よもの海みなはらからと思ふ世になど波風のたちさわぐらむ」を読み上げられ、平和愛好の御精神を強調されたのであります。これは出席者一同なかんずく両統帥部にとって非常なショックでありました。しかし天皇はそのとき国策案文を、平和が重点であることを明確にするよう、改めて修正するような指示はされませんでした[1]。

上述のように天皇が権力の直接行使をあえて回避されたのは、天皇が凡庸なるがゆえでは断じてなく、かえって天皇が極めて御聡明かつ御賢明であられたからであります。

旧憲法の第三条に「天皇は神聖にして侵すべからず」とあり、万世一系の天皇は憲法上「無当責」であられたのでありました。「無当責」の君主が統治権を主体的に直接行使することが、世襲君主制の根基を危うくすることは歴史の示す所であり、昭和天皇は英国流の「君臨すれども統治せず」を範としておられたと思います。

終戦直後戦争犯罪の法廷に立つことを拒否して自殺した近衛文麿《このえふみまろ》公——一九三七年以降三度内閣の首班となった——の手記は、その末尾において「陛下が御遠慮勝ちと思われる程、滅多に御意見を御述べにならぬことは、西園寺公（公爵西《さい》園寺公望《おんじきんもち》、日本最後の元老）や牧野伯（牧野伸顕《まきののぶあき》、元宮内大臣、重臣の一人、吉田茂氏の岳父）などが英国流の憲法の運用ということを考えて、陛下は成るべくイニシアチーブをお取りにならられぬように申上げた」からであるとし、「然《しか》るに日本の憲法というものは、天皇親政の建前であって、英国の憲法とは根本に於て相違があるのである。殊に統帥権の問題は、政府には全然発言権なく、政府と統帥部との両方を押え得るものは陛下御一人である。然るに陛下が消極的であらせられる事は平時には結構であるが、和戦何《いず》れかというが如《ごと》き国家生死の関頭に立った場合には、障碍が起り得る場合なしとしない」[2]と述べております。しかし私は陛下に問題があったのではなく、明治憲法にこそ問題があったものと確信してやみません。

第二章

満洲事変

日清、日露戦争以来の危機

満洲事変とは

一九三一年九月十八日、関東州（現在の中国東北部の旅順、大連地区）及び南満洲鉄道沿線に駐屯していた日本軍（〈日露戦争の講和条約に基づく駐兵〉関東州に司令部を置き関東軍と呼称、当初兵力約一万）は、鉄道守備に関する張学良《ちょうがくりょう》氏麾下の中国東北辺防軍（正規軍約二六万八〇〇〇、不正規軍約一八万）との紛争に起因して軍事行動を開始し、おおむね一年半を以て、中国軍を満洲すなわち東北三省から完全に一掃し、一九三三年五月三十一日、日中両軍事当局間において停戦協定が成立いたしました。いわゆる塘沽《たんく》停戦協定であります。この間一九三二年三月一日、東北三省を領土とする満洲国の独立宣言が行われ、同年九月十五日、日本は満洲国を承認し、日満議定書を締結して日満両国の一体不可分関係を樹立したのでありました。日本ではこの事件を満洲事変と呼称しています。

満洲事変は一九三七年支那事変へと推移し、一九四一年大東亜戦争へと発展いたしました。この三者は結果よりみて断じて分離せらるべきでありましたが、日本の政治家も軍人も、これらを分断すべき英知と勇気と決断に欠けていたのでありました。かくて満洲事変は日本の破滅への途における画期的転機となりましたが、その事変発生の経緯を知るためには、明治維新前後からのそれこそ歴史の流れを一瞥《いちべつ》する必要がありましょう。

明治の国是――開国進取――とその背景

一八六七年すなわち慶応三年、徳川幕府は政権を天皇に奉還し、翌年戊辰戦争後おおむね無血裡に明治維新なる革命が成就いたしました。この明治維新に先立つ二十～三十年の間、欧州列強の東亜に対する帝国主義的進出は顕著なるものがありました。

イギリスは単独またはフランスと連合し、清国（中国）に対し、阿片戦争、次いでアロー戦争（第二次阿片戦争）を戦い、南京条約（一八四二年）、天津条約（一八五八年）、北京条約（一八六〇年）により、香港、九龍の割取、上海共同租界の設置を取り付け、その他多くの権益獲得により、中国を近代産業資本主義の市場としてその勢力下に収めました。それは中国の半植民地化の始まりであります。

同時にイギリスは一八五八年遂にインドを併合し、フランスも一八六二年交趾《こうち》支那を割取し、翌六三年カンボジアを保護領といたしました。

またつとに黒龍江地方を占領し、カムチャッカ、アラスカに至る北太平洋沿岸に進出していた帝政ロシアは、一八六〇年上述の北京条約締結に介入して、ウスリー以東の沿海州を割取し、極東制覇のためと自称するウラジオストック港を開いたのであります。

そしてこれらと併行前後して、帝政ロシア、イギリス、フランス、それに新しくアメリカも加わって、欧米列強はその艦船をしばしば日本近海に出没させると共に、二百年余にわたり鎖国政策を取る日本に対し、相次いで強く開国を迫ったのであります。その最も印象的なのが、一八五三年アメリカのペリー提督の率いる軍艦四隻の浦賀来航でありました。

日本国内は開国派と攘夷派とに分かれ――開国といっても、攘夷のためまず開国して実力を養おうとするもので、両者は日本の自衛独立を完《まっと》うしようとする基調においては同じでありました――それに佐幕派と勤王派とが交錯して、国論は沸騰し、内憂外患こもごも至るうちに明治維新となったのであります。

当時日本の朝野を支配したものは、インド、中国の植民地化が、やがてそのまま日本の運命になりかねないという深刻な危機感でありました。現に一八六三年イギリス艦隊の鹿児島砲撃（薩英戦争）、翌六四年英仏蘭米四カ国艦隊の下関砲撃（馬関戦争）が行われたのでありました。

以上のような急迫した内外の情勢に処して、当時著名の学者ないしは思想家が抱いた日本の防衛方策は、日本本土を直接防衛する専守防御論や、広くアジア大陸を防衛圏とする積極国防論など様々な意見がありました。

幕末の代表的思想家である長州の藩士吉田松陰は、アメリカに密航しようとして捕らえられた獄中の手記において、日本が西よりポルトガル、イスパニヤ、イギリス、フランス、東よりアメリカ、北より帝政ロシアに狙われていること、そして中国大陸とアフリカ大陸が、既にイギリスの侵略を受けていることを述べて、武備の増強を強調しております。

また思想家として吉田松陰と並び称される橋本左内《はしもとさない》も積極国防及び日露同盟論を提唱して、次のような趣旨を述べております。「日本は東海の一小島であり、現在のままでは四辺にせまる外来の圧力に抗して独立を維持することはむずかしい。速やかに海外に押し出し、朝鮮、シベリア、満洲はもとより、遠く南洋、インド、さらにアメリカ大陸にまで属領を持って、初めて独立国としての実力を備えることができる。そのためには露国と同盟を結んで、英国を抑えるのが最善の道である。正面の敵は英国であるが、もとより今すぐ戦えというのではない。日本の現状では、それは不可能である。英国と一戦を交える前に、国内の大改革を行い、露国と米国から人を雇い、産業を興し、海軍と陸軍の大拡張を行わねばならない」(1)というのであります。後年日本は日英同盟または日露協商のいずれを択《えら》ぶべきかに直面するのでありますが、つとに半世紀前に橋本左内によって論じられていたのであります。

吉田松陰、橋本左内は共に、若くして刑死しましたが、やがて明治維新革命の主流として活躍し、引き続き明治時代の日本の指導的地位にあった人々に対し、強烈な思想的影響を与えたのでありました。

この両人の構想は、一見帝国主義的な東亜経略案であるようにも見えますが、私はその基調は露英仏米等欧米列強の極東進出に対する防衛策であり、日本の独立を確保するための国防論であったと考えます。

かくて明治維新後における日本の国是は、「開国進取」の一事にありました。「富国強兵」なるスローガンも指摘されますが、それは明治維新前から封建諸侯が競って採用した政策の名残というべきでありましょう。

明治二十六年すなわち一八九三年十月、枢密院議長山県有朋《やまがたありとも》公は天皇に対し、軍備増強の急務につき上奏した中で、日本の国是につき「我邦の国是が開国進取に在ることは、維新以来数回に聖詔に明示せられたり。（中略）蓋《けだ》し開国進取とは単に港を開いて、以て貿易を行うのみの謂《いい》に非ず。寔《まこと》に能《よ》く列国対峙の間に介立して、我邦の独立を維持し、兼て国威を宣揚するの謂なり」と言及しております。さきに開国は攘夷の手段であり、開国も攘夷もその基調は同じであったと申し述べましたが、山県有朋公によれば開国進取の真意は「我邦の独立を維持し、兼て国威を宣揚する」ことであり、それが明治維新以来の日本の国是であったというのであります。

山県有朋公は薩摩藩と共に明治維新の原動力となった長州藩出身の陸軍の大長老であり、明治、大正両時代を通じ、元老として日本の政官界における最高峰的存在でありました。

日清、日露戦争

日本と朝鮮半島とは地理的に近接し、古来好むと好まざるとに拘らず、政治、経済、文化の各般にわたり、緊密不離の特殊関係にあります。国際関係を律する一つの原理として指摘されるいわゆる地理的近接特殊緊密関係でございます。特に朝鮮半島が地政学的にアジア大陸より日本列島の横腹に対しあたかも匕首《あいくち》を擬したような格好であることは、日本の国防上致命的な意義を持つものでありまして、日本は朝鮮半島に日本と友好的ないし一体的な独立政権が、安定的に存在することに重大関心を払わざるを得なかったのであります。

しかるに明治九年（一八七六年）二月、日朝両国が明治維新以来の懸案を解決して「朝鮮王国は自主の邦にして日本国と平等の権を保有する」という趣旨の日朝修好条規を締結いたしますと、清国は朝鮮王国を属邦であると主張して、この条規の破棄を要求して参りました。爾来朝鮮半島をめぐる情勢は、朝鮮王国の独立を認める日本と、宗主権を主張する清国とが、朝鮮王国内の自派勢力と策応して抗争し、この間にあって朝鮮半島沿岸に不凍港を求めて新たな侵略を狙う帝政ロシアと、これを警戒するイギリスとが策動し、複雑多岐紆余曲折を極めました。

一方明治十七年（一八八四年）フランスはアンナン、トンキン、英国は東部ニューギニアを、それぞれ手中に収め、翌十八年（一八八五年）フランスは澎湖《ぼうこ》島、ドイツはマーシャル諸島に進出し、明治十九年（一八八六年）英国はビルマを併合いたしました。

かかる情勢において日清相争うは、いたずらに西欧列強に漁夫の利を与えるに過ぎないとし、明治十八年（一八八五年）日清両国の間に天津条約が成立いたしました。その骨子は(イ)両国は調印の日より四カ月以内に朝鮮王国より撤兵し、(ロ)再び出兵の必要ある時はまず互いに行文知照する（文書を以て通報し合う）というのであります。

しかし日清両国の朝鮮王国に関する主張は依然根本的に対立しており、両者の衝突は早晩不可避であると考えられました。おおむね十年後の明治二十七年（一八九四年）、朝鮮王国にいわゆる東学党の乱が起こりますと、清国は、上記の天津条約を無視して朝鮮王国派兵を決定し、日本もまた公使館及び居留民保護のため出兵を行い、かくて勢いの赴く所、日清戦争の勃発となったのであります。日清戦争の勝利により、日清両国は下関条約によって(イ)清国は朝鮮王国の独立を承認すること、(ロ)清国は遼東《りょうとう》半島、台湾、澎湖諸島を割譲すること等を条約により合意しました。しかるに帝政ロシアは、フランス、ドイツ両国を誘っていわゆる三国干渉を行い、日本は涙を呑んで遼東半島の還付を余儀なくされました。

清国の敗北は欧州列強の清国蚕食を誘発いたしました。おおむね明治三十三年（一九〇〇年）頃までに、帝政ロシアは旅順、大連、ドイツは膠州《こうしゅう》湾、フランスは広州湾、英国は威海衛《いかいえい》をそれぞれ租借し、またこれらの国は東清鉄道（南満線を含む）、京奉《けいほう》鉄道、京漢鉄道、山東鉄道、滬寧《こねい》鉄道等の鉄道敷設権を獲得いたしました。英国は帝政ロシアの勢力範囲たる長城以北において、帝政ロシアは英国の勢力範囲たる揚子江流域において、互いに鉄道敷設権を要求しないという両国の協定さえ成立したのであります。

そして帝政ロシアは明治三十三年（一九〇〇年）義和団の蜂起による北清事変の渦中において、満洲全域の軍事占領を行い、さらに韓国に迫って艦隊の碇泊《ていはく》地を馬山《まさん》（釜山《ふざん》西方四〇キロ）近傍に租借し、かつ巨済島と、その対岸の陸地は帝政ロシア以外に租借させないという密約をも、結ぶにいたったのであります。馬山はウラジオストック、旅順両軍港の連絡基地であり、日韓交通の重要基地でもあります。

帝政ロシアは日清戦争直後から、清国にとって代わって露骨に韓国進出を策し、さきの三国干渉による日本の遼東半島還付もあって、韓国政府に対する日本の発言力は後退し、日清戦争の目的意義は既に完全に失われていたのであります。

この頃英国は南ア戦争のため極東に割く余力少なく、その虚に乗じ帝政ロシアは満洲、韓国に進出を図ったのであり、ここに明治三十五年（一九〇二年）帝政ロシアを対象とする日英防守同盟成立の契機がありました。日英両国はこの条約によって、「清帝国及び韓帝国の独立と領土保全」を約したのであります。

明治三十六年（一九〇三年）四月、帝政ロシアは鴨緑江下流の韓国領龍岩浦《りゆうがんほ》を占領し、軍事施設を設けました。六月二十一日以来日本の最高指導部――昭和の時代と異なり、首相、外相、陸海軍相の政府首脳と伊藤博文公、山県有朋公ら五人の元老を以て構成し、特に伊藤公、山県公の両元老が重きをなしていました――が帝政ロシアに対する和戦の決定において堅持した方針は、「韓国はどんな事情があっても、その一部でも露国に譲与されることは認められない」「満洲においては露国は既に優勢の位置にあるので多少譲歩する」というのであり、参謀本部首脳はぎりぎりのところ、「満洲経営は露国にまかせ、韓国はわが勢力下に置く」との考えでさえありました(2)。

しかるに帝政ロシアは満洲の領土保全を確約しないのはもとより、韓国からさえも手を引く態度を明確にせず、日本は明治三十七年（一九〇四年）二月四日対露開戦を決意したのであります。天皇が陸海軍人に下した勅語には「清韓両国領土の保全は我日本の独立自衛と密接の関係を有す。茲《ここ》に於て朕《ちん》は政府に命じて露国と交渉を断ち我独立自衛の為に自由の行動を執らしむることに決定せり」[3]とあり、戦争目的が「独立自衛」であることが強調されております。

大東亜戦争終戦後の今日、日本においては、満洲事変、支那事変、大東亜戦争は日本の侵略戦争であったが、日清、日露戦争は日本の防衛戦争であった、と指摘するものが比較的多いのであります。

しかし私は、日清、日露戦争は日本の国防上、極めて重要な朝鮮半島での問題から発展し起きた戦争、満洲事変はポーツマス講和会議に基づく満洲における我国の権益の保存、支那事変は満洲国の安全と保衛のためのもの、大東亜戦争は自存自衛の戦争だったといえると考えます。

大陸政策の定着とアメリカの反応

韓国問題を契機として二度も戦争を行った日本は、日露戦争勝利後いったん保護国とした韓国を明治四十三年（一九一〇年）八月に日韓両国の条約により併合し、アジア大陸国家の一翼を占めるにいたりました。一方帝政ロシアからは明治三十八年（一九〇五年）の日露講和条約（ポーツマス講和条約）により南樺太の割譲の外に旅順大連地区（関東州）の租借権及び南満洲鉄道（以下満鉄と略称）の経営権（付属する一切の権利を含む）の移譲を受け——清国は日清間の条約によりこれを承認すると共に、別には安奉《あんぽう》鉄道（安東—奉天《ほうてん》間）の経営権を日本に譲渡——大陸発展の足がかりを得たのであります。

日露戦争後の国防方針に関し、後で詳説いたしますように、この頃から帝政ロシアを想定敵国として大陸軍備の優先拡充を主張する陸軍と、アメリカを想定敵国として海洋軍備の優先拡充を主張する海軍との対立が表面化いたしました。それは陸軍が大陸国家として大陸発展を志向するに対し、海軍は海洋国家として海洋発展（北守南進）を志向するという国策の不一致と表裏をなすものであります。両者思想の統一は行われず、国防方針分裂のまま大勢としては日本は大陸発展の途を辿ったのであります。

翻ってアメリカは明治三十一年（一八九八年）米西戦争の結果、グアム島及びフィリッピン諸島を占領し、翌三十二年（一八九九年）国務長官ジョン・ヘイ氏は、中国の門戸開放、機会均等を提唱いたしました。日露戦争の勝利は、そのアメリカと同盟国英国の支援に負う所極めて大でありました。

しかるに日英同盟は戦争末期かえって強化されましたが――防守同盟を純然たる攻守同盟に変更し、条約の適用範囲をインドに拡大――日本と帝政ロシアとアメリカの三者関係は、日露戦争終結を転機として逆転いたしました。すなわち日露の関係は抗争から協調へ、日米の関係は協力から対立へと移ることになったのであります。

日露の協調関係と申しましても、もとより便宜的なものでありまして、明治四十年（一九〇七年）ないし大正元年（一九一二年）の間における三次にわたる秘密協約により、満洲を南北、内蒙古を東西に二分する分界線を定め、南満洲及び東部内蒙古は日本、北満洲及び西部内蒙古は帝政ロシアの特殊利益地域すなわち勢力範囲とすることを約束したのであります。

一方アメリカの鉄道王ハリマン氏の南満洲鉄道共同経営計画案、セオドル・ルーズベルト大統領の満洲中立化案等、アメリカの満洲割込の積極的意向は、日本及び帝政ロシアをいたく警戒させましたが、日米対立の最初の刺激的事件は、明治三十九年（一九〇六年）カリフォルニア州における日本人排斥運動、なかんずくサンフランシスコ市の日本人学童に対する公立学校からの隔離問題であります。州議会は日本移民入国禁止法を通過させたりしましたが、結局翌々年二月、日本移民の自主規制を基調とする日米紳士協定の締結となりました。日米両国の国民感情は悪化し日米開戦論まで流布されるに至ったのであります。

アメリカ陸軍公刊戦史によれば「日本が日露戦争に大勝を博し、その陸海軍の実力が、如実に認められた一九〇六年、サンフランシスコで学童の人種差別問題が起こり、日米の間に戦争の危機が間近であるように感じられた」とし、オレンジ計画（対日作戦計画）に関する重要な検討が行われたと記されております(4)。事実においてはセオドル・ルーズベルト大統領は明治四十年（一九〇七年）十二月、アメリカ大西洋艦隊をマジェラン海峡経由サンフランシスコに回航を命じ、引き続き日本をも訪問させたのであります。それは日本に対する示威行動でもありました。

かかる情勢にも鑑み日英同盟は、明治四十四年（一九一一年）再度更改され、万一日米間に戦争が勃発しても、英国が日英同盟の義務により対米参戦を余儀なくされることのないよう間接的表現の一条項が加えられたのであります。

明治四十四年（一九一一年）孫文《そんぶん》の指導する辛亥《しんがい》革命が勃発し、翌四十五年

（一九一二年）袁世凱《えんせいがい》を大統領とする中華民国が成立し、二百五十年続いた清朝は亡びました。しかし革命は未完成で、昭和三年（一九二八年）蔣介石《しょうかいせき》氏によって、全中国がおおむね統一されるまでの少なくとも十五年間は中国は軍閥割拠内乱の時代でありました。

大正三年（一九一四年）八月、第一次世界大戦が勃発いたしました。日本は日英同盟により参戦し、八月二十三日、対独参戦を行い、中国におけるドイツの租借地膠州湾及び青島、山東鉄道全線並びに赤道以北の独領南洋群島を占領いたしました。

そして日本は翌四年（一九一五年）一月、中国に対し二一カ条（内七カ条は希望条件）の要求を提示し、交渉の末期には最後通牒を突きつけ最終回答を求めたりしたのでありました。これが日本の外交史上、最も悪名高き二一カ条問題であり、米英、なかんずくアメリカの大なる反発を受けたのはもとより、中国の朝野をいたく刺激し、排日運動激化の一大転機となったものであります。

同年五月二十五日山東省に関する条約、南満洲及び東部内蒙古に関する条約などが調印されました。日本は内外の情勢に鑑み、二一カ条につき、多くの部分的緩和、または留保、撤回を余儀なくされたのでありました。

南満洲及び東部内蒙古に関する条約こそは、対支二一カ条の眼目であり、この交渉を主宰した外務大臣加藤高明《かとうたかあき》が、大正二年（一九一三年）駐英大使の任を去るにあたり、英国外相サー・エドワード・グレーと会談し、原則的理解を取り付けてあったといわれております。この条約成立により、関東州の租借期限（二十年のうち残り三年）南満洲鉄道及び安奉鉄道の経営期限（三十年のうち残り八年）が、共々二十年から九十九カ年に延長され、その他南満洲及び東部内蒙古において、既成事実となっている日本の特殊権益が、中国によって確認されたのであります。

二一カ条その他対支政策をめぐる日米関係の悪化を憂えて、日本は石井菊次郎《いしいきくじろう》特命全権大使をワシントンに派遣いたしました。その結果大正六年（一九一七年）十一月二日国務長官ロバート・ランシング氏との間に中国に関する日米交換公文が取り交わされました。いわゆる「石井・ランシング協定」であります。「合衆国及日本国両政府は領土相近接する国家の間には特殊の関係を生ずることを承認す。従って合衆国政府は日本国が支那に於て特殊の利益を存することを承認す。

日本の所領に接壌せる地方に於て殊に然りとす」[5]という趣旨であります。これはもとより中国の独立、領土保全、門戸開放、機会均等の諸原則を前提としたものでありますが、日本はアメリカが一応日本の南満洲及び東部内蒙古における特殊地位を認めたものと理解したのであります。

しかし第一次大戦が終結し、西の「ベルサイユ体制」に対応して、東にアメリカ主動の「ワシントン体制」がしかれるに及んで、日本のアジアまたは太平洋における地位は後退弱化し、その大陸発展政策は手かせ、足かせをはめられる破目に立ち至ったのであります。

すなわちアメリカの主宰により、大正十年（一九二一年）十一月から翌年二月にかけ、いわゆるワシントン会議が開かれ、海軍軍備制限条約、中国における主権尊重、門戸開放、機会均等を基調とする九カ国条約、太平洋の平和と現状維持を基調とする日英米仏四カ国条約が成立し、日英同盟、「石井・ランシング協定」は破棄されたのであります。

満洲国独立

満蒙における日本の特殊地位の定着

辛亥革命以来の中国の内乱は、概して長城線以南の中国本土に限られていました。それは満洲の地が本来、中国本土に対し地理的及び歴史的に半独立的存在であるからであり、その大動脈たる南満洲鉄道沿線に日本軍が駐屯現存しているからでもありました。

日露戦争において日本軍と不即不離の関係にあった張作霖《ちょうさくりん》は、辛亥革命以来この満洲に割拠し、大正十一年（一九二二年）東北三省の独立を宣言いたしました。日本は中国本土の内乱ないし革命が、満洲に波及して来ることを好まず、「張作霖をして満蒙に有する根拠を失脚せざる如く之を援助する」(6)という方針で臨んだのであります。

孫文の衣鉢をついだ蔣介石氏は、大正十五年（一九二六年）七月、広東より中国統一のための北伐を開始し、翌昭和二年（一九二七年）四月、南京に国民政府を樹立しましたが、同年八月徐州《じょしゅう》付近で大敗して北伐の一頓挫を来しました。蔣介石氏はいったん下野を宣言しましたが、昭和三年（一九二八年）北伐を再興し、六月九日北京に入城し、北伐を完成したのであります。

しかしこの北伐動乱二年の間に、次のような事件または問題が多発しているのであります。

(イ)武漢政府による漢口及び九江のイギリス租界回収
(ロ)上海租界防衛のためイギリスの対日共同出兵提議——日本拒絶によりイギリス単独出兵
(ハ)南京の日英米仏領事館等に対する北伐軍の暴行略奪事件（南京事件）
(ニ)漢口における日本陸戦隊と中国人暴徒との衝突発砲事件（漢口事件）
(ホ)上海における日英陸戦隊と中国便衣隊との発砲事件

(ヘ)張作霖による北京のソ連大使館強行捜索——中国満洲赤化の陰謀書類発見、暴露
(ト)イギリスの日本に対する北支方面二個師団派遣要請
(チ)日本の居留民現地保護のため第一次、第二次山東省出兵
(リ)済南における出兵——日本軍と北伐軍との戦闘（済南事件）

このように中国の情勢が極めて流動的な時期において、日本の政権を担当したのは、田中義一《たなかぎいち》陸軍大将を首班とする政友会内閣でありました。田中首相は外相を兼ね昭和二年（一九二七年）六月、外務省中央部及び在支公使、総領事（奉天総領事吉田茂氏を含む）、陸海軍中央部及び現地首脳（関東軍司令官を含む）等を網羅した「東方会議」を開き、「対支政策綱領」なるものを策定いたしました。

その要旨は「対支政策の実行方法は、支那本土と満蒙とは自ら趣を異にする」という根本方針に基づいていたのであります。

田中首相は共産党と手を切った蔣介石氏による中国本土の統一を期待し、いったん下野した同氏と東京青山の私邸で会談したりしましたが、蔣介石氏の中国本

土統一に先立ち、張作霖を相手として満蒙五鉄道の敷設等積年の諸懸案を一挙に解決してしまおうといたしました。

そこで政友会（総裁田中首相）幹事長から満鉄の総裁に特任された山本《やまもと》条太郎《じょうたろう》は、田中外相代理として北京に位置する張作霖と直接交渉し、昭和二年（一九二七年）十一月「山本・張作霖密約」なるものを劇的に成立させたのであります。

それは満蒙における五本の鉄道の建設を満鉄が請け負い、その代金は借款にするという趣旨のものであります。その五本の鉄道は、満鉄への集貨量を培養するという、経済的要請であることは勿論でありますが、実は対露作戦発生の場合、朝鮮東北部及び南満洲から、北満洲のハルピン及びチチハルに向かって作戦するための戦略鉄道でもあったのであります。

なお、密約には、満鉄併行線敷設禁止区域の拡大も含まれており、さらに日満経済同盟及び攻守同盟に関する交換公文も成立したのであります。

不可分の相互依存関係になった日本と満洲

翻って日露戦争後、日本が関東州を統治し、満鉄を経営するようになってから、満洲の治安及び経済は顕著な改善進歩を遂げたのであります。

中国本土では内乱のため大量の民族移動が発生し、例えば明治四十一年（一九〇八年）を起点として二十余年後の昭和五年（一九三〇年）、満洲の人口は七〇％も増加して、二九〇〇万人を算するに至り、耕地及び鉄道も、同比率の増加を遂げ、生産は向上し、特産大豆の産額は五倍、撫順の出炭は一四倍、貿易は六倍に増加いたしました。

また満洲の輸出入の各四〇％及び対満投資の約七二％（二三％ソ連、二％イギリス、一・三％アメリカ等）は日本が占め、満洲経済における日本の地位は、断然優位でありました。一方日本の全輸出の二四％が対支輸出、そのうちの三五％が対満輸出であり、また全輸入の一八％が対支輸入、そのうちの五八％が対満輸入でありました。そして日本の対満投資約一五億円は対外投資の五四％にもあたるのであり、日本経済における満洲の地位は極めて大でありました。

かくて日本と満洲との関係は、原料資源及び生活必需品の需給を中心として、生存上不可分の相互依存関係に成長いたしました。当時世界はあげて深刻な経済恐慌に見舞われると共に、ブロック経済の方向に傾きつつあり、土地が狭く、資源が乏しく、人口が多い日本にとって、満洲との経済的緊密不可分関係を維持増進することが、いよいよ国家の存立上不可欠の要件と考えられたのであります。

さらに軍事上ないし戦略上の要請は一層顕著なるものがありました。さきにふれましたごとく、日露戦争後日本は帝政ロシアと一応便宜的協調関係にありましたが、日本陸軍は依然帝政ロシアを想定敵国として施策を進め、上述の強引なる満蒙五鉄道の建設のごときもその一つのあらわれでありました。革命後のソ連に一時混乱はありましたが、昭和三年（一九二八年）以来、ソ連は第一次五カ年計画を進めつつあり、やがてそのソ連が思想と伝統の両面から極東侵略政策に復原するであろうことは明らかでありました。そのソ連の極東ないし東亜に対する侵略を阻止すべき戦略上の要点は満洲であり、一度満洲をその賦存資源と共にソ連に委せたならば、ソ連の南下は到底封ずべくもありません。実に満洲は日本防衛の要衝であると共に、極東ないし東亜全般のための防衛の要衝でありました。特に日本が北満洲をも制して、日本または日中一体の防衛圏の前縁を、北は黒龍江、西は大興安嶺及び東部内蒙古の要線に推進し得るならば申し分なく、それをなし得るものは独り日本であると考えられていました。

中国におけるナショナリズムの勃興

しかるに辛亥革命以来、革命外交とナショナリズムの勃興による中国の国権回復運動は、排外運動を伴って進行し、その影響を最も多く受けたのは日本でありました。

申し上げるまでもなく特に二一カ条問題は日中関係の悪化を決定的ならしめました。その交渉成立の五月九日を以て国恥記念日として排日運動が反復され、また大正八年（一九一九年）のパリ講和会議で、二一カ条条約の破棄、山東直接還付が認められなかったことを不満として発生したいわゆる五・四運動は、日貨排斥を伴って、燎原の火のごとく全中国に蔓延したのであります。

また大正十四年（一九二五年）には、上海の日本人経営紡績会社のストライキに端を発する五・三〇事件があり、その他さきに述べましたように蔣介石氏の北伐一両年の間に、漢口事件、南京事件、済南事件等が続発したのであります。

しかもこの間中国は大正十二年（一九二三年）日本に対し、正式に二一カ条残余の条項全部の廃棄と、旅順、大連の還付を要求して来たのであります。日本はもとよりこれを峻拒しましたが、中国革命外交の基調は、「一切の不平等条約、外人租借地、領事裁判権、外人税関管理権、及び外人の支那領土内において行使する一切の政治的権利の如き支那の主権を侵害するものは悉《ことごと》く之を取消し双方の主権平等互尊の条約を重訂す」るにありました。大正十三年（一九二四年）の建国大綱改組大会において、これを再確認したのであります。

そして成立早々の国民政府は、昭和二年（一九二七年）十一月次のような趣旨の声明を発しているのであります(7)。

(1)最短期間内に不平等条約を排除する。
(2)条約満期のものは無効にする。
(3)国民政府が参与せずして訂正または許可した条約は一律無効とする。
(4)中国に関する条約にしてまだ国民政府の参与しないものは中国に対し拘束力がない。

昭和三年（一九二八年）六月爆死した張作霖の後をついだ張学良氏が、同年末、易幟《えきし》（青天白日旗掲揚による国民政府への忠誠表明）を行いますと、国権回復、排日の風潮は、澎湃《ほうはい》として満洲に瀰漫《びまん》いたしました。

すなわち満蒙諸鉄道に関する敷設権、経営権、借款権等の不履行、併行線禁止協定の黙殺、その他既得権益の侵害続出し、昭和五年度満鉄は三〇〇〇万円の減収を来し、また商租権は中国側各種密令及び手段により、条約の履行を阻止せられ、日本人の昭和五年（一九三〇年）までの満洲進出は、二二万人に過ぎず、その大部分は租借地及び満鉄付属地内に止まっていました。

当時満洲に分散していた朝鮮人は、一〇〇万人を算しましたが、朝鮮人圧迫事件は年一〇〇件に及び、特に昭和六年（一九三一年）七月惹起《じゃっき》した万宝山事件は、著しく世論を激昂させ、朝鮮の仁川に起こった反中国暴動は、朝鮮全土に波及いたしました。

その他借款（当時約一億五〇〇〇万円）の利子不払い、林鉱業既得権益の阻止、各種不当課税、中国側巡警による暴行事件、一般邦人侮辱事件等が頻発し、また昭和に入ってから日支軍隊の衝突事件が一三件、中国側軍隊巡警等の不法事件が一五件あり、年々散発するのが常態で、特に昭和六年（一九三一年）六月南満洲の西北地区視察旅行中の一参謀本部部員が、随行の下士官、白系露人、蒙古人と共に中国の屯墾軍兵に殺害された事件が起こり、国民感情を強く刺激したのであります。

幣原協調外交か武力解決か

昭和四年（一九二九年）七月田中政友会内閣に代わって浜口雄幸《はまぐちおさち》民政党内閣が登場し、その外務大臣に就任したのが、外相は二度目の幣原喜重郎《しではらきじゅうろう》氏でありました。縷々《るる》申し述べましたような情勢において、中国に対処する幣原外交の基本的性格は、一貫して寛容主義ないし自由主義でありました。昭和六年（一九三一年）一月幣原外相は議会において恒例の外交演説を行っております。

それによりますと幣原外相は、「国民政府は今や内乱の終局と共に、政治の現実なる建設的革新に依って国家の基礎を樹立し、之に依って列国の間に其《その》当然なる地位を確保せむとする方針の実行に、歩を進むるに至ったものと推測し得られるのであります」と中国を評価し、日中間の「問題を処理する上に於いて、両国何れの一方も宣伝や威嚇を以て他の一方に対するが如きことがあっては、徒に事態を紛糾せしむるのみであって、何等《なんら》有益なる目的をも達し得らるるものではありませぬ。互に寛大なる精神と理解ある態度とを以て、共存共栄の途を講じてこそ諸般の交渉案件は解決せられ、双方の真正なる利益を増進し得られるものと考えます。我々は常に此《この》信念をもっているのであります」と幣原外交の基本的精神を強調し、漢口事件及び南京事件の損害賠償問題や、日中間海底電線問題がこの精神で遂に解決したことを指摘し、「満洲に於ける鉄道問題についても数年来未解決に属するものが少くないのでありますが、政府は以上の方針に依って適当に之を調整せむが為めに折角努力中であります。我々は固《もと》より中国の正当なる立場を無視して、妄《みだ》りに利己的の要求を為すが如き意志を有するものではありませぬ。同時に中国側に於ても我南満洲鉄道の地位を危くせむとするが如き計略があり得べきものとは信じられませぬ。又斯《か》かる企《くわだて》が容易に実現し得らるるものではありませぬ」と中国側の善意と公正とに期待し将来を楽観しているのであります。

これに対しては軍部及び現地中国のわが方官民はもとより、国内の外交界を含む有識層も、寛容主義が懸案の解決に資せないばかりでなく、かえって中国側の軽蔑を招くことになると批判し、国民一般からは軟弱外交の声があがっていたのであります。

皆様ご承知のように吉田茂氏は、敗戦後五次にわたり内閣の首班をつとめた方であり、この当時奉天総領事として中国側官憲と紛争問題の現地処理に苦労した後、昭和三年（一九二八年）七月外務次官に転じ、幣原外相にも仕えたのでありますが、その吉田茂氏が同年四月二十七日付の「対満政策私見」(8) なるものを外務当局に提出しております。

それによると、「従来の対支政策頓挫の原因」は、「第一　欧州戦後民族自決等一時人口に上れる戦争の反動的思想を、其儘《そのまま》に余りにも多く我が聴従したること。第二　日支親善、共存共栄等の空言《そらごと》に捉われ過ぎたること。第三　対支国家機関の不統一」に帰すると断じ、「敢えて東北三省を我に収めんと云うに非ると も、実質に於て我指導の下に東北三省の政治を改善せしめ、英の埃及《エジプト》に於けると同様の治績を挙ぐるを要すべし」と「対満政策の一新」を主張し、「従来の対満政策は政策の目標を誤れるに非ず、其実行の手段方法を過《あやま》てるなり。満蒙経営に依て以て我国民生活の安定を計らんとする国策の遂行を、国力自体の発動に求めずして、一に之を空漠なる日支親善に求むるの結果、我上下を挙げて支那側の機嫌取りにのみ汲々《きゅうきゅう》たらしめ遂に自屈に陥て自ら覚《さと》らざるに至れるのみならず、事大主義なる支那人をして徒に驕慢ならしめつつあり」「当面の対策は機会ある毎に、先ず各地に増兵若《も》しくは派兵を断行し」などと「対満政策の実行方法」の改善を強調しているのであります。これは幣原外交とは全く氷炭相容れないものであります。

幣原外交に対し、陸軍の大勢はもとより力による解決案でありました。陸軍中央部の中堅層はあげて、早くも昭和四年（一九二九年）頃から、満蒙問題解決のためには軍の実力をもって、張学良軍閥を満蒙から駆逐しなければならない、外交では到底解決できないという結論に達していました。これは満洲事変の主役を演じた関東軍高級参謀板垣征四郎《いたがきせいしろう》大佐（後大将、東京裁判絞首刑）及び同次級参謀石原莞爾《いしわらかんじ》中佐等の意見でありました。

この考えは時と共に牢固となると共に、上下に浸透し、満蒙問題の武力解決は、陸軍中央部の総意ともいう雰囲気となりました。そして昭和六年（一九三一年）六月十九日、武力による張学良政権駆逐、親日政権樹立を骨子とする「満蒙問題解決方策の大綱」が、陸軍中央部において決定を見るに至りました。ただその武力解決の時期は翌年春以後とし、それまでの約一年間、主として国内外の理解を求めるための施策を進め、中国の排日運動から生ずる紛争には巻きこまれぬよう、隠忍自重《いんにんじちょう》するという趣旨でもありました。

武力行使というような国家の大事に関する軍中央部の意志決定には、多くの場合事務当局の積極論と首脳部の慎重論とが対立し、その調整に長い期間を必要とするものでありますが、この満蒙問題解決のための武力行使に関しては、上下期せずして意見の一致が得られたようであります。

一方関東軍はより急進的であり、実施の時機は対米、対ソの考慮上なるべく速やかなるを要すと考えました。この満蒙問題解決にあたり、参謀本部及び関東軍が最も警戒を払ったのは、第一に米国、第二にソ連の動向でありましたが、事変直前の八月上旬頃、関東軍参謀部は参謀本部に対し、「満蒙問題解決国策遂行は急速を要す。急速解決は勢い露骨ならざるを得ず。往時露骨を避け漸次主義を採用し来りて何等得るところ無かりしにあらずや、斯くの如くんば只《ただ》往時の状態を繰返えすべきのみ。米国の武力、経済圧迫恐るるの必要なしとせば、何故断然たる決心をとらざるや」[9]と反駁進言しております。

かくて昭和六年（一九三一年）九月十八日、満鉄本線の関東軍の守備隊と張学良氏麾下の中国軍が衝突し、これによって満洲事変の導火線に火がついたのであります。

満洲事変を企画立案推進した中心人物は、関東軍次級参謀石原中佐でありますが、同中佐がこの年の五月執筆した「満蒙問題私見」[10]なるものが残っており、その要約は次の通りであります。

⑴満蒙の価値

政治的　国防上の拠点。

朝鮮統治、支那指導の根拠。

経済的　刻下の急を救うに足る。

⑵満蒙問題の解決

解決の唯一方策は之を我領土となすにあり。之がためその正義なること及び之を実行するの力あるを条件とす。

(3)解決の時期

国内の改造を先とするよりも、満蒙問題の解決を先とするを有利とす。

(4)解決の動機

国家的。　正々堂々。

軍部主動。　謀略により機会の作成。

関東軍主動。　好機に乗ず。

(5)陸軍当面の急務

解決方策の確認。

戦争計画の策定。

中心力の成形。

この第二項満蒙を日本の領土とする考えは、陸軍中央部の強硬な反対により、日本と一体関係の満洲建国ということになったのであります。

なお第一項の満蒙の価値として、「朝鮮統治、支那指導の根拠」をあげているのが目を引きます。大東亜戦争開始直前アメリカ政府から発せられた例のハル・

ノートの中に「支那における蔣介石政府以外の一切の政権の否認」という一項目があります。その支那の中に満洲は含まれぬものと、日本政府大本営は一応見なしましたが、法理上は含まれると解すべきでありましょう。もし含まれるとすれば、それは満洲国の否認であり、たちまち朝鮮統治に重大影響をもたらすであろうと、誰もが憂慮したものでありました。

また「支那指導の根拠」というのは意味深長であります。事実は日本の領土ではなく、日・鮮・満・蒙・漢五族協和を建国の理念とする日本と一体関係の満洲国の独立となったのでありますが、アジアにおける日中二極の対立を、日満華三極の鼎立に変え、日中の歴史的対立を根本的に打開しようとする思想があったのでありました。しかしそれは儚い夢でありました。当時参謀本部作戦部の末席にいた私の一先輩は、「治乱興亡夢の如しとは夫《そ》れ満洲国の謂《い》いなるか、凡《およ》そ忽然として興り、燦然として栄え、卒然として亡びたるもの、蓋《けだ》し斯くの如きは史上稀ならん」と嘆じたのであります。

第三章

国防方針、国防に要する兵力及び用兵綱領

帝国国防方針

国防方針、国防に要する兵力及び用兵綱領とは

戦前の日本陸海軍においても、列国軍同様参謀本部または軍令部が、毎年度末――会計年度と同じく三月末――までに、翌年度適用することあるべき陸軍または海軍の年度作戦計画をそれぞれ策定し、天皇の允裁《いんさい》を受け、有事の日に備えるという慣習がありました。

その統帥部の年度作戦計画策定の根拠となるのが、国防方針、国防に要する兵力及び用兵綱領であります。

もっともそれは事務的側面における位置づけであり、申すまでもなくおよそ一国の存するところ、その国の国是ないし国策に基づき、政略及び戦略を統合した

国防の方針が確立し、その方針に見合う兵力量が確定されていなければなりません。それによって国防の基礎が固まり、かつ国家の外交、内政も適切に行われるのであります。そしてさらに国防方針及び国防に要する兵力をふまえた用兵の大綱、すなわち用兵綱領が定められなければならず、それによって陸海軍の策応協同が律せられ、かつ年度ごとの作戦計画の一貫性が期せられるわけであります。

国防方針等策定の経緯

日露戦争（一九〇四年～一九〇五年）後日本は南樺太を領有、韓国を保護国、関東州を租借地とし、その国防環境は一変し、また日英同盟は守勢同盟から攻守同盟に強化されました。そして陸海軍はややもすれば戦後兵備の拡張を競い、陸海軍対立の困難を思わせるものがありました。

そこで陸軍から海軍に対し、国策に吻合《ふんごう》した国防方針の樹立を提議いたしましたが、事務的折衝は進みませんでした。陸軍の構想は「従来の島国的境遇を脱して大陸的国家となし、以て大に国運の伸張を期する」を「政略」とし、「戦略」は「露国を主なる想定敵国と判定」し、「攻勢作戦を以て国防の主眼とする」という趣旨であり、(1)今や海洋国家を志向し海主陸従軍備を希望する海軍と、意見の根本的対立を既にはらんでいたのでありました。

そこで陸軍は元老たる元帥山県有朋公をわずらわすことになり、同元帥は国防方針私案――陸軍案そのままか、陸軍案を基礎に加筆成文したものかいずれかでありましょう――を明治天皇に捧呈し、国防方針策定の必要を奏上したのであります。それは明治三十九年（一九〇六年）十月のことであり、例のサンフランシスコにおける日本人学童排斥事件発生のころであります。

山県元帥私案の骨子(2)は次の通りであります。

⑴我国防の本領は攻勢作戦とし、守勢作戦は情況止むを得ざる場合に限る。

⑵将来と雖《いえど》も主要なる敵国は露国と想定する。

⑶露国に対する陸軍の作戦は、韓国を根拠として主作戦を北部満洲方面、支作戦を南部沿海州に指向する。

「露国に対する海軍の作戦は、先《ま》ず対馬海峡の領有を確実にし、成る可《べ》く速《すみや》かに敵を求めて之を撃破し、若《も》しくは浦塩斯徳《ウラジオストック》を封鎖す。要すれば台湾海峡、バシー海峡（台湾とフィリッピン群島の間）を警戒して暫《しばら》く待機の姿勢を保持することあるべし」

⑷英国もし中央アジア方面において露国と戦争を開始せば、日英攻守同盟の責務を全《まっと》うするため露国に対し開戦す。但し陸軍兵力を中央アジア方面に派遣し、直接英国と連合するは絶対にこれを回避する。

⑸将来我国利国権の伸張は清国に向かって企図せらるるを有利とす。

天皇はいったん元帥府（天皇の軍事に関する最高諮詢《しじゅん》機関、元帥全員を以て構成）の意見を聴かれた後、同年十二月陸海軍両統帥部長に対し、山県元帥私案を参考にそえて、国防方針の策定を下命されました。参謀総長、海軍軍令部長の奉答は、翌年二月一日行われました。「日本帝国の国防方針」「国防に要する兵力」「帝国軍の用兵綱領」の三つから成り、もとより陸海軍大臣との所要の協議合意を経たものであります。爾後天皇の下命によるこれら全部についての元帥府の審議、並びに国防方針のみについての政府の閣議決定――国防に要する兵力は内閣総理大臣に対し閲覧のみ許されましたが、用兵綱領は閲覧も許されませんでした

――が行われ、明治四十年（一九〇七年）四月十九日最終採択を見るに至ったのであります。

主要想定敵国の選択

決定された国防方針は六項目から成る長文なものでありますが、結論と認められる第六項[3]は次の通りであります。

六、以上述べる所を総合すれば左の要旨に帰す。

甲、帝国の国防は攻勢を以て本領とす。

乙、将来の敵と想定すべきものは露国を第一とし、米、独、仏の諸国之に次ぐ。

日英同盟に対し起り得べき同盟は露独、露仏、露清等とす。而《しこう》して日英同盟は確実に之を保持すると同時に、務めて他の同盟をして成立活動せしめざる如くするを要す。

丙、国防に要する帝国軍の兵備の標準は、用兵上最も重要視すべき露米の兵力に対し、東亜に於て攻勢を取り得るを度とす。

これは陸軍の大陸発展、陸主海従論に対し、海軍が海洋発展、海主陸従論を以て巻き返しをはかった結果の、妥協の所産であります。想定敵国として露、米、独、仏の四カ国をあげ帝政ロシアを第一としていますが、米、独、仏のうち独、仏は問題外で、実質上の想定敵国は露米二カ国でありしかも両者に甲乙なしというに近いのであります。

国防方針の第一項（国是に基づく政策の項）に、「明治三七〜八年戦役に於て、幾万の生霊及巨万の財貨を抛《なげう》て満洲及韓国に扶植《ふしょく》したる利権と、亜細亜の南方並太平洋の彼岸に拡大しつつある民力の発展とを擁護するは勿論、益々之を拡張するを以て帝国施政の大方針と為さざるべからず」とあり、また第四項（想定敵国の項）に「米国は我友邦として之を保持すべきものなりと雖《いえど》も、地理、経済、人種及宗教等の関係より観察すれば、他日激甚なる衝突を惹起することなきを保せず」(4)とあるのは注目を要するところであります。

国防方針の第五項は、陸海軍の兵備に関する指針を示したものでありますが、次のような文章であり、――括弧内は海軍の場合を示す――一九四五年敗戦に至るまでの約四十年間を支配したパリティ思想の反映であります[5]。

陸軍（海軍）の兵備は想定敵国中我陸軍（海軍）の作戦上最も重要視すべき露国の極東に使用し得る兵力に対し（米国の海軍に対し東洋に於て）攻勢を取るを度とす。

国防に要する兵力は、陸軍は野戦師団、予備師団各二五、海軍は戦艦、装甲巡洋艦各八隻（いわゆる八八艦隊）を骨幹とするものでありました。

当時陸軍にとって、アメリカを主要な想定敵国とすることなどは、思いもよらぬことであったのでありましょうが、結局陸軍は帝政ロシア、海軍はアメリカを、それぞれ想定敵国として、おのおの軍備の拡張を競い合うこととなったのであります。

もっとも海軍が当時果たして対米戦争を予期したかどうかは疑問であり、海軍にとってアメリカは軍備拡充のための目標に過ぎなかったようにも認められるのであります。現に決定された用兵綱領において、アメリカに対する作戦に関しては、「米、独、仏の各一国を敵とするの已《や》むを得ざる場合に遭遇せば、先ず敵の海上勢力を撃滅するを主眼とし、爾後の作戦は臨機之を策定す」(6)と、米、独、仏を一つにした抽象的な規定があるだけで、フィリッピン諸島に対する作戦についてもなんら言及しておらないのであります。

情勢変化による改訂の経緯

国防方針の第一回改訂

国防方針、国防に要する兵力、用兵綱領は、情勢の変遷に伴い改訂されることになっておりましたが、大正四年（一九一五年）例の二一カ条問題を契機として日支関係が緊迫するに伴い改訂の必要が指摘され、三年後の大正七年（一九一八年）六月第一回の改訂が行われたのであります。当時情勢はなお流動的でありましたので暫定的な一部の補修に止まりました。

想定敵国に関し、新たに中国を重視し「帝国の国防は露、米、支の順序を以て仮想敵国となし主として之に備う」と改訂され、国防に要する兵力に関しては、陸軍が第一次世界大戦の経験を積み、量より質を重視して五〇個師団を四〇個師団基幹に減らし、海軍が八八艦隊を八八八艦隊（八隻の戦艦隊二と八隻の巡洋艦隊二）基幹に増やしたのであります。[7]

そして用兵綱領において、初めて「米国を敵とする場合に於ける作戦」の綱領が、「露国を敵とする場合に於ける作戦」の綱領と並んで、具体的に規定されたものと思われます。そこで大正七年～八年（一九一八年～一九一九年）頃から陸軍も対米年度作戦計画を策定することになり、フィリッピン諸島の攻略を計画したのであります。

ワシントン体制に伴う海軍側の改訂

第二回の改訂はさきに申し述べましたような、いわゆるワシントン体制に伴う東亜の情勢変化に応じ、大正十二年（一九二三年）二月に行われました。

改訂された国防方針の結論と認められる第五項目は次の通りであります。[8]

之を要するに近き将来に於ける帝国の国防は、我と衝突の可能性最大にして、且強大なる国力と兵備とを有する米国を目標とし、主として之に備え、我と接壊する支露両国に対しては、親善を旨として之が利用を図ると共に、常に之を威圧するの実力を備うるを要す。

国防方針の第四項(9)によれば、「露国は革命（一九一七年）以来産業荒廃し経済紊《ぶん》乱《らん》して、著しく国力を消耗せるのみならず、国内の統一尚未だ全からず、今や専心之が恢復《かいふく》に努めつつあり。（中略）東亜方面に於て、我と干戈《かんか》相見《あいまみ》ゆるが如きは、現在及近き将来に於て、彼の国力及国情の共に許さざる所なるべし」と、ソ連に対し楽観的である一方、「米国は輓近《ばんきん》国力の充実に伴い、無限の資源を擁して経済的侵略政策を遂行し、特に支那に対する其経営施設は、悪辣なる排日宣伝と共に、帝国が国運を賭し幾多の犠牲を払いて獲得したる地位を脅かし、遂には帝国の隠忍自重《いんにんじちょう》を許さざらんとし、（中略）加え加州の邦人排斥は漸次諸州に波及して愈々《いよいよ》根底を鞏《こわ》からしめ、布哇《ハワイ》に於ける邦人問題亦《また》楽観を許さざるものあり。（中略）此《かく》の如くんば早晩帝国と衝突を惹起すべきは蓋《けだ》し必至の勢にして、我国防上最重大視すべきものなりとす」とアメリカに対し極度に悲観的であるのであります。

これに対し「第一次世界大戦の教訓から、将来の戦争はこれを対一国戦争にとどめることは到底不可能であり、日本の場合対米一国戦争などはあり得ない。日支問題の紛糾が発展して日、支、ソ戦争となる場合が最も多く、日、支、米戦争または日、支、米、ソ戦争となる場合もあり得る。日本としてはこれら対数国戦争に備えなければならぬ」(10)というのが、陸軍主張の趣旨でありました。

これに対し海軍の主張は日本の国力上対数国戦争に備えるなど到底不可能であり、必ず対一国戦争に終始し得るような政策指導と相まって、我と衝突の可能性最大にして、かつ強大な国力と兵備とを有する米国を目標として、主としてこれに備えなければならぬというにありました(11)。

結局陸軍の対数国戦争論は敗れ、従来通り対一国戦争論の趣旨で、案文は作成され、また国防方針の文面からする限り、主なる想定敵国は、海軍の主張通り米国に限定されたのであります。しかし当時の陸軍関係者は、陸軍にとっての主なる想定敵国はソ連であり、ソ連が米国に次ぐ日本の主なる想定敵国であるという考えに毫も変化はなかったようであります。

海軍の国防に要する兵力が、軍備制限条約に基づきその後変更が加えられたのは勿論であります。

昭和十一年（一九三六年）一月、海軍は同年末海軍軍備の無条約状態に入ることを考慮し、満洲事変（一九三一年）以降における世界ないし東亜の情勢変化に即応する国防方針の改訂を、陸軍に提議いたしました。陸軍は想定敵国の優先順位を規定するに過ぎないような「時代物」よりも、現下の情勢に対処すべき国防国策大綱を策定する方が、実際的ではないかと主張いたしました。そこで別途政府統帥部門で国防国策大綱を決定し――後で説明する――それに基づく陸海軍の狭義国防としての従来の国防方針を改訂することになりました。

同年六月八日改訂された国防方針の骨子と認められる第三項は次の通りであります。(12)

帝国の国防は帝国国防の本義――第一項規定、「建国以来の皇謨《こうぼ》に基き、常に大義を本とし、倍々《ますます》国威を顕彰し、国利民福の増進を保障するに在り」――に鑑み、我と衝突の可能性大にして、且強大なる国力殊に武備を有する米国、露国を目標とし、併せて支那、英国に備う。

之が為帝国の国防に要する兵力は、東亜大陸並西太平洋を制し、帝国国防の方針に基く要求を充足し得るものなるを要す。

共産ソ連強大化の趨勢において、満洲事変後満ソ国境線において直接極東ソ連軍と対峙《たいじ》するに至った陸軍が今度は、主なる想定敵国をソ連一国に限定することを強く主張したのであります。もとより海軍の同意を得られず、「米国、露国は帝国国防の目標として軽重の差等なきものとす」という申し合わせをつけて、このように決定され、日本は再び名実共に双頭の蛇となったのであります。

想定敵国に初めてかつての同盟国英国が加えられ、実際に対英年度作戦計画の策定を始めたのは、昭和十三年（一九三八年）頃からであります。

改訂された国防に要する兵力は、陸軍は五〇個師団基幹、海軍は主力艦一二隻、航空母艦一〇隻、巡洋艦二八隻基幹でありました。

改訂された用兵綱領の第二項は「露国を敵とする場合」、第四項は「支那を敵とする場合」の各作戦の綱領が規定されてありますが、第三項の全文(13)は次の通りであります。ハワイ作戦のごときは全く考えておらず、西太平洋におけるいわゆる邀撃《ようげき》作戦を基調とするものであります。

第三、米国を敵とする場合に於ける作戦は左の要領に従う。

東洋に在る敵を撃破し、其の活動の根拠を覆滅し、且本国方面より来航する敵艦隊の主力を撃滅するを以て初期の目的とす。

之が為海軍は作戦初頭速に東洋に在る敵艦隊を撃滅して東洋海面を制圧すると共に、陸軍と協同して呂宋《ルソン》島及其付近の要地並瓦無《グアム》島に在る敵の海軍根拠地を攻略し、敵艦隊の主力東洋方面に来航するに及び機を見て之を撃滅す。

陸軍は海軍と協同して速に呂宋島及其の付近の要地を攻略し、又海軍と協力して瓦無島を占領す。

敵艦隊の主力を撃滅したる以後に於ける陸海軍の作戦は臨機之を策定す。

第四章

支那事変

北支工作と中国の反発

不用意なる北支工作——中央施策の欠如

さきに申し述べましたごとく、昭和八年（一九三三年）五月三十一日塘沽《たんく》停戦協定の成立を以て、満洲事変は一段落を告げました。日本は既成事実の強化に努めると共に、政府間交渉と国際外交の展開による事変の大局的かつ国際的解決に政治的英知を傾倒すべきであったでありましょう。事変の中心的推進者石原莞爾中将の回想によれば、「蔣介石氏をして排日停止、共同防共、満洲国承認少くも黙認を約束させ、事変の終末指導を完遂すべきであった[1]」というのであります。

しかるに中央施策による事変の終末指導が結実しないうちに——政府及び陸軍中央部にその終末指導を完遂しようとする英知と実行力とが欠けていました——

接壌対峙する現地の情勢は不可避的に逐次悪化し、遂に支那事変へと突入のやむなきに至ったのであり、その最大の禍因は主として現地軍による不用意なる北支工作であります。

昭和八年（一九三三年）満洲事変が一段落した当時、陸軍部内では一九三五～六年危機説が喧伝されていました。独、伊全体主義国家の勃興、ソ連の早期経済復興、海軍軍備制限条約の失効等がその理由として指摘されました。

かくて同年九月陸軍省参謀本部が政府に提議すべく決定した国策案――結局海軍との意見不一致で採択されるに至らず――の方針は、「昭和十一年（一九三六年）前後に於ける国際的危機を未然に防止し、且万一の危機到来に際し、安全を保障し得るに必要なる国家内外の態勢を整備するを以て、帝国現下の国策根本方針とす」(2)というのであります。

ここにいう万一の危機とはもとより対ソ危機を指すのであります。すなわち陸軍は今や満洲事変の一段落に伴い、いよいよ以て、満洲国の育成整備と対ソ国防態勢の確立強化に、専念すべきであると考えたのであります。

そしてしからばこの国策根本方針遂行のための対中国政策は如何というに、一言にしていえば、南北二正面紛争ないし戦争の回避にあったのであります。問題はその方法及び発想にあります。

この国策案の「対支策」には、「対第三国戦に於て少くも開戦初期一定期間中立を保持せしむ。万已《や》むを得ざる場合に於ても、北支方面に一緩衝地域を設定せしむることを以て、対支政策の基調たらしむ」という案と、「帝国の危機に際しても努めて広く親日地域を設定せしむることを以て、対支政策の基調たらしむ。之が為《ため》特に支那の分立的傾向に即応し、親日分子の養成及び之が組織化を促進するを要す」という二案が準備されております。(3)

すなわちこの両案のうち前者は、北支那緩衝地域設定という満洲国に対する従属的措置であり後者は日本が中国に対し従来から抱いていた、いわゆる分治合作主義の適用であり、いずれも蔣介石氏による統一中国との本格的国交調整による満洲事変の早期根本的解決とは異質なものでありました。

この頃中国駐在の陸軍武官であり、国民政府の実情に精通していた磯谷廉介《いそがいれんすけ》中将は、戦後の回想において次のように慨嘆しております。「中国はあまりにも広大、且つ各方面異質なるにより、分治合作が自然に適し、少くも北支に親日満政権を分立させることが、必要且つ可能であるという誤った対支情勢判断が、陸軍一般の通念であった」「それは辛亥革命以来の新しい中国の進みつつある方向を見失い、古い軍閥割拠時代の支那に対する知識を以て、蔣介石氏が代表する統一国家への進展を真向から否定するものであった」(4)というのであります。

ところで塘沽停戦協定は、関東軍と中国側北支軍当局との間に締結されたものであり、関東軍はまさに協定の当事者であったわけであります。従って関東軍が中央の施策が進まない限り、この協定履行に関心を持つのは当然でありました。いわんや停戦協定によれば、北支の河北省北方一帯の行政区画二二県——河北省のことを冀《き》といい、この東北二二県を冀東地区という——を停戦地区とし、中国兵の「進入」及び一切の「挑戦攪乱行為」を禁止し、日本軍はその実行を確認するため「視察」する権限が塘沽停戦協定により与えられていました。いわゆる緩衝地帯の設定であります。勢い関東軍が北支工作に強く介入する結果を招来したのであります。関東軍には満洲国の治安維持のため、または対ソ戦備上背面安全のため、無関心ではおられないという名分があったのであります。そしてそれは陸軍中央部の一応の意図に合したものであり、中央部は関東軍の北支工作を承認ないし黙認していたのであります。

なお日本は明治三十三年（一九〇〇年）の義和団事件に基づく条約により、列国と同様、北平公使館区域及び天津租界の設定及び警備兵の駐屯、北平―天津―山海関間鉄道の特定地点における駐兵権――「首都と海浜との自由交通を維持する」ための駐兵であり、兵力に制限なし――日本軍の守備する鉄道、電線または日本の軍隊、軍需品等に関連する中国人の犯罪に対する司法権等を依然として持っており、所要の兵力を駐屯させておりました。これを支那駐屯軍と呼称し、北支工作に関しては、支那駐屯軍も関東軍に策応していたのであります。

冀東防共自治政府の成立

かくて北支工作は漸次浸透し、昭和十年（一九三五年）六月、中国軍の停戦区域進入攪乱、天津における親日系中国新聞人二名の暗殺等を端緒として、梅津《うめづ》・何応欽《かおうきん》協定、土肥原《どいはら》・秦徳純《しんとくじゅん》協定という二つの現地協定が成立いたしました。

前者は河北省、後者は察哈爾《チャハル》省の、それぞれの親日満地域化ないしは緩衝地域設定を規定したものであり、塘沽停戦協定の拡大完成を意味するものでありました。両協定の中には例えば排日団体の組織禁止、党部解散または撤収、排日的軍隊の河北省撤退等が含まれており、土肥原・秦徳純協定には、当然停戦区域の察哈爾省への拡大も規定されているのであります。

当時何応欽氏は国民政府の軍事委員会の北平分会長であり、秦徳純氏は第二九軍副軍長兼北平市長でありました。

そして関東軍及び支那駐屯軍の執拗な工作と、北支諸軍閥――察哈爾省及び河北省北部の宋哲元《そうてつげん》、山西省の閻錫山《えんしゃくざん》、河北省南部の商震《しょうしん》、山東省の韓復榘《かんふくきょう》――の反蒋気運と相まって同年十二月十八日河北（冀）、察哈爾（察）両省の自治を標榜する冀察政務委員会（委員長宋哲元氏）、十二月二十五日冀東の停戦地区二二県に冀東防共自治政府（委員長殷汝耕氏）が成立いたしました。

宋哲元氏の委員長就任は、一応国民政府から任命された形をとりましたが――国民政府は対日宥和のゼスチュアーとして宋哲元氏の就任に同意――元来宋哲元氏は察哈爾省を地盤とする反蒋系軍閥（第二九軍長）の一人であり、国民政府に対するその不即不離の態度はしばらくの間続きました。同時に宋哲元氏は日本側に対しても不即不離の老獪さを示し、日本側はその親日的傾向の増大に期待したのであります。

冀東防共自治政府の委員長殷汝耕氏は、それまで停戦区域の行政主任であり、親日的傾向強く、その自治政府樹立の宣言は力強い反蔣宣言でありました。成立と共に、従来の高率関税を一律四分の一に減じたため、北支輸入は冀東経由に振り替えるもの多く、関税を以て国庫収入の大宗とする国民政府に大打撃を与えました。

このような日本側の北支諸工作は、蔣介石氏の中国統一企図と対立するものであり、日本は北支を第二の満洲とするのではないかという、中国側の警戒心が極めて深刻であったことは当然でありましょう。

これに加えて関東軍の内蒙《ないもう》に対する工作が一層中国側を刺激したのでありました。既に申し述べましたように、日本は日露戦争直後から内蒙古の戦略的価値に着目して参りましたが、内蒙は満洲国と外蒙《がいもう》及び北支との間に挟まれ――内蒙と北支との境界は不鮮明でありますが、蒙古人、漢人の居住分布により、自ら一つの境界を画することが出来ます――外蒙には当時既にソ連の勢力が浸透して来ており、内蒙が実質的に日本、ソ連、中国のいずれの勢力によって支配されるかは、満洲国すなわち関東軍の重大関心事でありました。

内蒙の多数の王族中、徳王《とくおう》は出色の存在でありました。関東軍は昭和九年（一九三四年）頃以来この徳王を支援して、徳王の統一する親日満内蒙自治政府の成立を期待したのであります。昭和十一年（一九三六年）五月、徳王は徳北（張家《ちょうか》口《こう》西北方一二〇キロ）に軍政府を組織し、蒙古建国の決意を表明いたしました。日本側の意図するところは高度の自治であり、もとより中国からの完全独立ではありませんでした。

国共合作——救国抗日統一戦線

陸軍中央部は昭和十一年（一九三六年）一月北支工作の行き過ぎを是正するため、「北支処理要綱」なるものを策定指示すると共に、関東軍を北支工作（内蒙工作を除く）の主担任からはずし、代わって主として支那駐屯軍をしてこれにあたらしめることにいたしました。しかるに支那駐屯軍はわずかに歩兵三大隊基幹の小兵力で、関東軍はその支援援助を口実として北支工作に対する容喙《ようかい》を止めず、陸軍中央部は、同年四月、支那駐屯軍の兵力を二倍に増強したのであります。

しかしこの北支工作控制の措置も、時期既に遅かったばかりでなく、支那駐屯軍の兵力倍増が、関東軍の容喙を封ずるための純然たる内部調整措置であり、狙いは北支工作控制にあったにも拘らず、かえって中国側の疑惑を招き、支那事変勃発の一原因となったのでありました。

陸軍中央部は、「北支処理要綱」において、「対内蒙工作は其範囲を概して長城線以北に限定し且つ東部綏遠《すいえん》四蒙旗（綏遠省東部の四つの県）の地域に波及せしめざるものとす(5)」と規定いたしました。しかるに徳王は綏遠省東部（昭和四年〈一九二九年〉までは察哈爾の一部）の奪還を企図し、昭和十一年（一九三六年）十一月雑軍を率いて綏遠省主席の傅作義《ふさくぎ》に決戦を挑みました。これが綏遠事件であり、満洲事変から支那事変への過程における一つの重要転機を画するものでありました。

蔣介石氏は二十数万の中央軍及び傍系軍を北上させて、綏遠軍支援の態勢をとり、自ら洛陽《らくよう》に進出してその指揮にあたりました。もとより内蒙軍は大敗を喫しました。中国側は内蒙軍の背後に関東軍ありと論難し――関東軍は一兵も動かず

――全国的排日気勢を煽ると共に、日蒙連合軍を撃破したと宣伝し、傅作義氏は抗日の英雄となり、関東軍与し易しの錯覚に陥ったのであります。

折から同年十二月十二日蔣介石氏が張学良氏に監禁されるという、かの西安事件が突発し、翌年二月末から西安において国民党共産党代表会議を始め、内戦停止、抗日救国の統一戦線結成等について交渉し、逐次停戦合意が進展したのであります(第二次国共合作は、事変勃発後の九月二十三日成立した)。

五月延安において中国共産党全国代表者会議が開かれ、毛沢東氏は会議の結びとして「幾百万、幾千万大衆を、抗日国民統一戦線に引入れるために戦え」と呼びかけたのであります。

同年七月、蔣介石氏は廬山《ろざん》に全国から各将領、各界人士を集め政治・軍事問題を話し合いましたが、このときに中共代表の周恩来氏も招いて行政院各部長と協議させたのであります。

昭和十一年(一九三六年)から昭和十二年(一九三七年)にかけて、国民政府の中国統一は著しく進展を見せました。すなわち昭和十一年(一九三六年)九月西南派を屈伏させ、次いで十一月綏遠事件において大挙中央軍を北上させた機会に、北支軍閥に対する中央統制を強化し、国共合作の進行もあって、国民政府による中国統一は、ようやく名実共におおむね完成したのであります。それは実に昭和二年（一九二七年）、国民政府成立の十年後にあたります。

かくして概観いたしますに、昭和十年（一九三五年）半ば頃までは、中国の対日感情はおおむね無事でありましたが、同年半ば以後は、日本の北支内蒙工作の進展するに伴い、また蔣介石氏による全中国の統一が進捗するに伴い、中国においては排日抗日の気運の昂揚と事件の続発を見ることとなり、そして国共合作が成立するに伴い、中国は朝野をあげて抗日の一途を辿ることになったのであります。

「国策の基準」と重要産業拡充計画の採択

支那事変勃発の直前、すなわち昭和十一年（一九三六年）から十二年（一九三七年）前半にわたる間日本では二・二六事件という陸軍青年将校によるクーデターが起こり、もちろん失敗いたしましたが、その外に注目を要するのは、一応国防国策ともいう「国策の基準」なるものが、五相会議で採択されたことと、ソ連の五カ年計画に対応して、日本も初めて長期計画的に重要産業の拡充に乗り出したことでありました。

昭和十年（一九三五年）八月、満洲事変の中心人物であり陸軍における卓越した軍人として知られる石原莞爾大佐が、参謀本部作戦課長に就任し、最初に手がけたことは国防国策の策定でありました。

日本には国防方針、用兵綱領、年度作戦計画はあるが、戦争計画がないのはおかしいというのであります。そして石原大佐が就任後最も驚いたことは、対ソ陸軍軍備の貧弱でありました。同大佐の国防国策案は「先《ま》ず北方の脅威を排除するため重点を対ソ軍備の拡充に指向する。この間中国との破局を防止し、極力米英との和協を図り、又満洲国の育成強化に専念する」(6)という趣旨でありました。

悲しいことには、これは到底海軍の容れるところではありませんでした。海軍の主張はもとより北守南進であります。この頃さきに申し述べましたように、海軍側から国防方針等改訂の提議が行われ、結局「軽重の差等」をつけずに米国、露国を主なる想定敵国とすることに、昭和十一年（一九三六年）六月国防方針の改訂が行われたわけであり、次いで八月、五相会議——首相、外相、蔵相、陸海軍相、この場合陸海軍相は統帥部の意見をも代弁する――で採択された国防国策すなわち「国策の基準」なるものも、所詮は南北併進、陸海対等軍備建設に象徴される陸海軍の対立を、いたずらに浮き彫りしたに過ぎませんでした。

ただその第一項に「帝国として確立すべき根本国策は、外交と国防、相俟って東亜大陸に於ける帝国の地位を確保すると共に、南方海洋に進出発展するに在り」(7)と、南進政策が国策案文上初めて明確に打ち出された点が留意を要します。

しかしこれは早くも明治四十年（一九〇七年）の国防方針において、海軍によって米国が主なる想定敵国にあげられたと同様に、海軍軍備拡充のための政策的意図がからんでおり、また陸海軍パリティ思想の反映に過ぎないと見られないこともありません。少なくもこれにより日本の政策が南方に向かって積極的に策動することはなく、単なる作文に終わったのであります。重ねて申し上げれば陸軍のこの国策に期待した真意は、中国との破局を防止して北方ソ連の脅威に備えるにあったのであり、このことは次に述べる重要産業拡充計画の策定推進に関連してもいえることであります。

かくて陸軍は昭和十二年（一九三七年）を初年度とする対ソ軍備充実五カ年計画の策定実施に入ったのでありますが、石原大佐が次に手がけたことは国力の充実すなわち重要産業拡充計画でありました。

石原大佐はモスクワ大学出身の満鉄社員宮崎正義氏を参謀本部の嘱託とし、同氏を長とする日満財政経済研究会を特設して、これに研究立案させ、昭和十二年（一九三七年）二月、ソ連駐在から帰国した参謀本部部員堀場一雄少佐にその推進を命じました。同少佐もソ連駐在二年半、主としてソ連の五カ年計画を研究して来たのでありました。

計画の狙いとするところは、速やかに工業力なかんずく、重工業の拡充独立を期し、その極端な他国依存から脱却して、当時における澎湃《ほうはい》たるブロック経済の世界的趨勢に対応すると共に、戦時国家総力戦の遂行に対処し得るにありました。昭和十二年（一九三七年）を初年度とし、日満を一環とする五カ年計画がつくられ、日満両国政府に提示されました。

計画の骨子となるべき重要産業の生産拡充目標（年額）[8]は、次の通りであります。括弧内は昭和十一年（一九三六年）度生産額に対する倍率を示します。

飛行機	一万機
一般自動車	一〇万台（二・七）
工作機械	五〇万台（三・八）
鋼材	一〇〇〇万トン（二・七）
液体燃料	六三五万トン（一五・六）
石炭	一億一〇〇〇万トン（二・〇）
アルミニウム	一〇万トン（四・八）
マグネシウム	九〇〇〇トン（一八・〇）
電力	一二五七万キロワット（一・七）
造船	九三万トン（一・七）

この倍率を見ますと、国家のあらゆる施策を、この計画の遂行に集中する必要を感じさせるものがあります。液体燃料一五・六倍増のごときは人造石油を主とするもので、もとより机上プラン的な面も強く、政府による実施計画においては

著しく減額されております。

さてここに注目すべき一つの問題があります。それはこの計画遂行に必要とする基礎資源の大部分は、日本及び満洲から取得できますが、一部の鉄鉱石及び原料炭に関しては、北支に依存せざるを得ないという一事であります。北支が満洲国にとって、対支防衛の緩衝地域であり、対ソ防衛の戦略的要衝であると共に、日満両国の存立上経済的不可分の地域であることが、確認されたのであります。このことが直ちに日本を支那事変にかりたてたというわけでは決してありませんが、北支の軍事上及び経済上の重要性に関する認識が、日本の指導層に定着するに至るのでありました。

満洲国は直ちに陸軍の要請を取りあげて、昭和十二年（一九三七年）度より実施に移りましたが、日本においては論議の後、昭和十四年（一九三九年）一月に至り、さかのぼって昭和十三年（一九三八年）を初年度とする四年計画で実施に入りました。

かくて支那事変が勃発したときは、陸軍なかんずく参謀本部が計画推進した軍備充実計画、重要産業拡充計画は、いずれも緒についたばかりか、または緒につかんとしているときであり、いずれも自ら播いた種とはいえ、まことに複雑なる事態の発展でありました。

対支全面戦争への拡大

不拡大方針より無計画的拡大へ

北平、天津の南側を永定河《えいていが》が勃海湾に向かって流れております。この永定河と京漢鉄道とがクロスするところが蘆溝橋《ろこうきょう》であり、京漢鉄道と京奉鉄道（北平—天津—奉天）の分岐点を豊台《ほうだい》といいます。昭和十二年（一九三七年）七月七日夜、豊台に駐屯していた日本軍の小部隊が蘆溝橋北方において夜間演習中、中国軍が占領している後方の陣地から三度の射撃を受けました。日本軍は払暁《ふつぎょう》と共に反撃を加えて、その堤防上の中国軍を駆逐《くちく》いたしました。前年七月第一次豊台事件、九月第二次豊台事件が起きており、豊台駐屯の日本軍と中国軍との間の感情は極めて悪化していたのでありました。

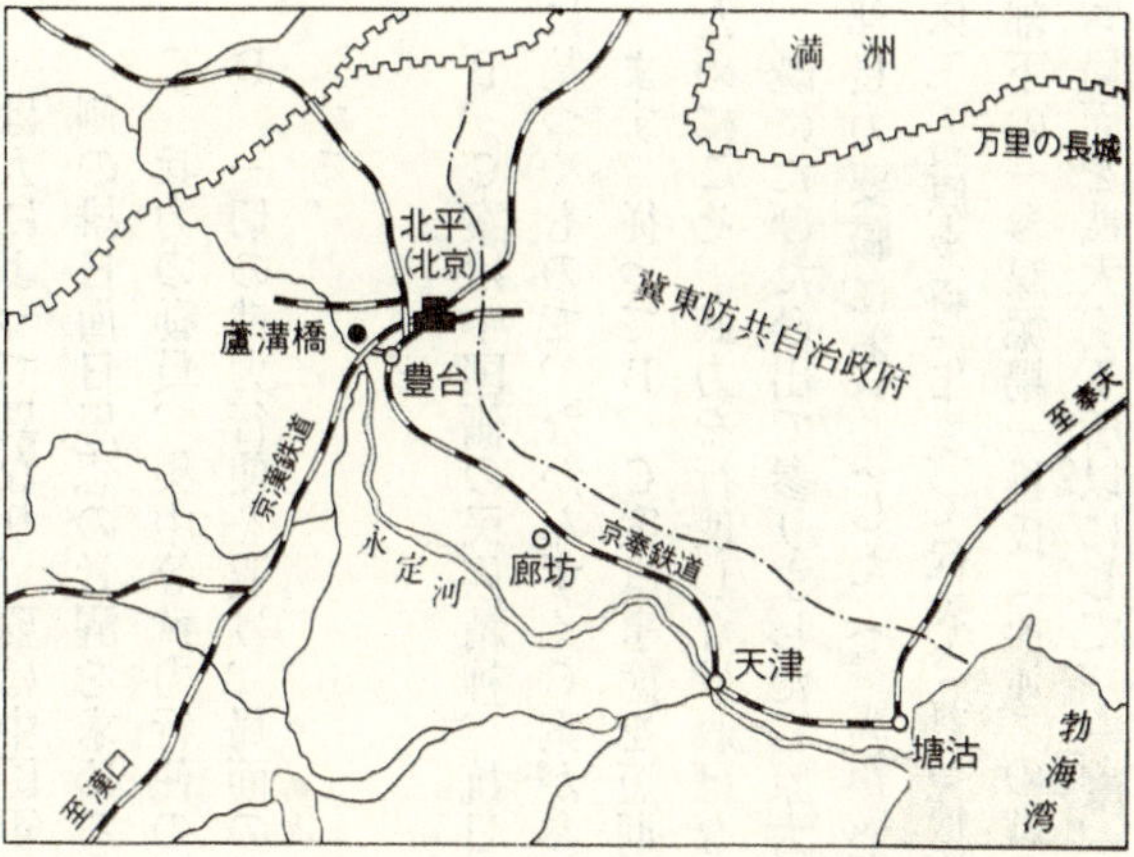

これが支那事変の発端となったいわゆる蘆溝橋事件でありますが、いまだに真相不明でありますが、この事件に関する限り、日本軍の工作したものでないことは確言できるのであります(9)。

事件の発生に接して、陸軍中央部はこれに対処すべき考え方で混乱いたしました。その考え方を大別すれば次の通りであります(10)。

A　この際所要の武力を行使して、数年来の懸案たる北支問題を一挙に解決する。

B　某程度の武力を行使して事態の解決を迅速ならしめる。その解決目標は人によって異なり、要は中国軍に一撃を加えるにある。一撃を加えて中国側の排日侮日思想の覚醒を求めることによってのみ事態は迅速に解決する。

C　兵力の動員、集中等武力行使の用意を示すことにより事態を解決する。

D　一切の武力行使を避け、局面の拡大を防止し、現地交渉により事件を解決する。

B、C案は中国側の民族精神、抗日意識、戦意、抗戦能力等に対する過低評価に基づくもので、なかんずくC案が参謀本部対支情報当局者の支持したものであります。従ってB、C案は事態を短期に終結し得ると考え、否、短期に終結するためにこそ、武力を行使しなければならぬと考えられたのであります。

既にたびたび出て参りました石原大佐は少将に昇任し、このとき参謀本部作戦部長の要職にありました（参謀総長閑院宮載仁《かんいんのみやことひと》親王、参謀次長今井清中将は病床）。石原少将によって代表される慎重派は、もとよりD案でありました。その部下の一参謀堀場一雄氏（前述）の戦後記録によれば「実力を行使することは即ち局面を拡大する所以《ゆえん》にして、一度、日支抗争に陥らんか、支那近来の民族意識よりして事態容易に収拾すべくもあらず、果しなき広野に無限の進軍を令するものなり。我国の現有国力を以てしては、斯くの如き対支全面戦争に堪え得るやに疑問あり。然るに一般情勢は、国力の培養建設を刻下の急務となし、満洲国の建設、対ソ防衛の充実等山積し他を顧みるの余力なし」というのであります。

七月八日参謀総長は支那駐屯軍司令官宛、「事件の拡大を防止する為《ため》更に進んで兵力を行使することを避くべし」⑾と指示し、翌九日夕刻には次のような陸軍中央部の事件解決方針⑿が示達《じたつ》されました。

「蘆溝橋事件解決の為対支折衝方針に関する件」参謀次長より支那駐屯軍参謀長宛

蘆溝橋事件解決の為此際《このさい》政治問題に触るることを避け、概《おおむ》ね左記要求を提議し、冀察《きさつ》側をして至短《したん》期間に承認実行せしむる様処置あり度《たし》

左記

(1)支那軍の蘆溝橋付近永定河左岸駐屯の停止

(2)将来に関する所要の保障

⑶直接責任者の処罰
⑷謝罪

事態収拾に関する現地交渉は、支那駐屯軍と中国側第二九軍代表との間において行われました。

しかし本来一触即発の関係にあった日中両軍が、既に一部銃火を交えた以上、中国側中央軍北上の気配もあり、兵力の極めて少ない支那駐屯軍が不測の事態に不覚をとらぬ様、中央として措置する必要もありました。また北支方面多数の在留邦人の生命財産の保護を軽視するわけにもいきません。陸軍中央部は閣議の承認を得て七月十一日満洲から二個旅団、朝鮮から一個師団の北支増援を発令すると共に、この頃万一の準備として内地三個師団の動員も考慮したのでありました。

七月十一日、政府は今次事件を「北支事変」とすることに決し、北支派兵の政府声明を発表しました。

同日午後、中国側現地当局が日本側の要求を全面的に受諾した旨の報告があり、陸軍中央部においては不拡大現地解決の期待が支配的となりました。陸軍中央部は十三日「陸軍は今後共不拡大方針のもと局地現地解決の方針を堅持し、全面的戦争に陥るが如き行動は極力之を回避す。之が為第二九軍代表の提出せし十一日午後八時調印の解決条件を是認して之が実行を監視す」という「北支事変処理方針」[13]を採択し、天皇に上奏裁可を経て、支那駐屯軍に示達いたしました。

一方蔣介石軍事委員長は、七月十七日蘆山《ろざん》における全中国各界要人会議の席上、いわゆる「生死関頭」の声明を発し、「我々は平和を欲する。然しながら如何なる犠牲を払っても平和に執着するものではない。我等は戦争を欲せず、然しながら我等自身を防衛するの已《や》むなきに至るかも知れぬ」と述べ、日本側の要求に対する基本的態度の一つとして、「第二九軍の現在の駐屯区域に対して如何なる制限をも甘受し得ない」という方針を表明しております。日本はその第二九軍所属の第三七師（師長馮《ひょう》治安《ちあん》）が、日本軍に射撃を加え、最も抗日意識の強い部隊であるとして、その河北省南部への撤退を要求していたのであります。その外にも、日本側が要求した条件、なかんずく「将来に関する所要の保障」の中には、中国側として面子《メンツ》上受諾ないし実行し難い事項がかなりあったようでありました。

七月二十四日京奉鉄道の廊坊駅付近軍用電話線修理のため、中国側へ予告の上派遣された日本兵が中国兵の射撃を受け、翌二十五日彼我増援部隊間に交戦が行われ、二十六日居留民保護のため予告と諒解の下に、広安門から北平城内に入ろうとする日本軍部隊に対し、中国側は半途に城門を閉鎖して射撃を加えました。

かくて日本側は中国側が解決条件を、誠意を以て実行する意志なしと認め、武力を行使するに決し、七月二十六日参謀本部はこれを発動すると共に、内地三個師団の北支派遣を発令いたしました。かくて不測の事態発生により不拡大方針の後退となりました。

もっとも七月二十七日支那駐屯軍司令官に与えられた任務は、「平津地方（北平、天津地方）の支那軍を膺懲《ようちょう》して同地方主要各地の安定に任ずべし」[14]ということで、作戦は河北省北部に限定されているのであります。

中支に拡大する戦線

北支の情勢が中支に波及するのはまた、不可避でありました。これより先、昭和七年（一九三二年）、日中間に生起した第一次上海事変の停戦協定によって、上海共同租界北方の特定地帯は非武装地帯でありましたが、中国軍はその非武装地帯内にも進入し、昭和十二年（一九三七年）八月十二日頃上海周辺に集結した兵力は五万を算しました。これに対し日本海軍陸戦隊は四〇〇〇に過ぎず、遂に昭和十二年八月十三日中国軍が我が海軍陸戦隊に対し攻撃を開始するに至り、海軍側から陸軍側に対し、陸軍兵力をもって支援方要請があったのです。当時、上海には漢口を含む揚子江上流から引き揚げて来た在留邦人が集結していました。

陸軍中央部は北支においては地域を限定して武力行使に決しましたが、依然不拡大方針であることには変わりはなく、特に戦局を中支に拡大することは絶対回避する方針でありました。しかし海軍の要請を拒否するわけにゆかず、八月十五日必要最小限の二個師団の一軍を上海に派遣し、もっぱら「帝国臣民の保護」に任ぜしめることにしたのであります。

さて北支に対する七月二十七日の措置も、中支に対する八月十五日の措置も、いずれも政略出兵の範疇に入れられるべきものでありましょう。支那事変は正に政略出兵によって始まり、ずるずると全面戦争へと発展したのであります。

本格的に作戦軍の性格を具備した方面軍の戦闘序列――戦時事変に際し天皇が令する作戦軍の編組をいう――が令せられ、それらに「敵の戦争意志を挫折せしめ戦局終結の動機を獲得する目的を以て〔中部河北省又は上海付近の〕敵を撃滅すべし」という任務が下され、名実共に戦略指導に転換したのは、北支にあっては八月三十一日、中支にあっては十一月七日であります。

そして上海付近の作戦と首都南京の攻略作戦とは、対支戦争の天王山として一括した構想計画の下に、それこそ「戦局終結の動機を獲得する目的」で指導せらるべきところ、南京攻略が発令されたのは十二月一日、攻略したのは十二月十三日であります。

また日本政府が北支事変を支那事変と改称したのは九月二日、大本営が設置されたのは十一月二十日でありました。

かくて武力行使に決してからの用兵は、当初政略出兵の範疇を出でず、戦略指導に転じた後においても、逐次的な兵力使用に陥って、いたずらに戦争終結の好転を失ったのであります。

第一に、中国軍に一撃を与えれば中国は参るという安易な考えが禍の根元であり、そのために用兵の規模も構想も安易なものになったことがあげられます。第二に、不拡大方針が武力行使に決した後においても潜在的に尾を引き、用兵を不徹底ならしめたことも指摘されます。

第三に、北方ソ連の脅威が終始参謀本部作戦当局をして、対支作戦を手控えさせたこと顕著なるものがあり、これが最大の理由であったかも知れません。第四に、米、英、仏等欧米諸国の牽制により、大胆なる用兵ができなかった面もあります。

昭和十三年（一九三八年）春、北支と中支との打通連絡を図るため徐州挟撃作戦が行われました。そして同年夏秋の候、戦争終結の最大努力として、漢口と南支における広東との同時攻略作戦が行われ、かねて日本側と黙契のあった国民党副総裁汪兆銘氏は、重慶から脱出してこの作戦直後発表されたいわゆる近衛声明――近衛首相の善隣友好、共同防衛、経済提携を基調とする日支新関係調整方針に関する声明――に呼応いたしました。しかし蔣介石氏と並び称せられる国民党の先達汪兆銘氏が、一度起《た》って和平救国を叫べば、天下翕然《きゅうぜん》としてこれに応ずるであろう、という期待は空しく、支那事変はいよいよ長期持久戦の様相を濃くするに至ったのでありました。

日中全面和平工作の失敗

南京攻略前から行われていた駐華独大使トラウトマン氏の斡旋による和平交渉は、昭和十三年（一九三八年）一月十五日失敗と見なされるに至りました。政府（第一次近衛内閣）は、あくまで蔣介石氏麾下の国民政府との交渉による短期終結の途を、残し置くべしと主張する参謀本部をおさえて、一月十六日「国民政府を対手にせず」の声明を発しました。すなわち国民政府の否認であり、既に北支において成立していた王克敏氏を委員長とする臨時政府（華北政務委員会）を育成強化して更生新中国の中心勢力たらしめようとする事変解決方式をとったのであります。

しかしそれが軽率であったという反省に達するには、あまり時間を必要といたしませんでした。さきにふれました近衛声明発出後、その年の十一月三日、政府はいわゆる東亜新秩序建設声明を発しましたが、その声明の末尾において、国民政府を対手にせずという方針を緩和する態度を明らかにいたしました。否この声明の狙いはむしろそこにあったのであります。

しかし間もなく同じ問題が蒸し返されることになります。すなわち汪兆銘氏は和平救国を叫んで、一挙に全面和平を招来するため重慶を脱出したのでありますが、事志に反して情勢好転せず、やむを得ず次善の策として新国民政府の樹立に切りかえたのであります。それは、部分和平から全面和平に導くという構想でありました。日本政府は昭和十四年（一九三九年）六月来日した汪兆銘氏に対し、その新政府樹立の構想を支持する旨表明せざるを得ませんでした。

しかるに新政府の樹立はすなわち蔣介石政権の否認に通じ、奥地重慶の蔣介石政権に対する大長期持久戦争を戦い抜く自信がなければなりません。大長期持久戦争を通じ、新政府は逐次育成強化せられるに反し、蔣介石政権は、逐次衰亡するという見通しがなければならず、当時の陸軍にはその確算はありませんでした。そこで陸軍は新政府の樹立前、やむを得なければ日本政府による新政府承認までに、汪蔣合作による全面和平が実現することを念願し、そのために新政府の樹立と承認を、口実を設けて極力引き延ばすことに、陸軍中央部当局は腐心したのでありました。

結局新政府樹立は昭和十五年（一九四〇年）三月三十日、日本政府の承認は同年十一月三十日でありました。承認に伴う日華基本条約の内約交渉は、前年十二月末合意調印済であり、その成文化には一～二カ月もあれば十分であったのであります。この引き延ばしに引き延ばされていた間に、日本は「桐工作」と、松岡外相による最終的和平工作を行っていたのであります。

支那事変早期解決のための和平工作は、民間有志の手によるもの、政府の手によるもの、軍部なかんずく陸軍の手によるもの、政府または陸海軍の個人によるものなど枚挙にいとまがありません。北京の燕京大学学長スチュアート氏や、フィリッピンの高等弁務官セーヤー氏の和平斡旋に関する軽い動きが、日本の陸軍または政府の注目を引いたこともありました。このように和平工作がいたずらに錯綜多岐、暗中模索を続けていたということが、和平失敗の最大原因であったといえるかも知れません。

汪兆銘氏引き出し工作は和平工作中最大のものでありますが、その外の主なる和平交渉ないし工作をあげるとすれば、(A)駐華独大使トラウトマン氏斡旋による和平交渉、(B)桐工作、(C)昭和十五年（一九四〇年）十一月中旬より同月末に至る間、松岡外相が上海財界の巨頭銭永銘氏を介して行った最終的和平工作、の三者をおいて他にありません。しこうして陸軍の中央及び現地が、最大の期待を寄せて取り組んだのが「桐工作」でありました。それには陸軍の関係者が、昭和十五年（一九四〇年）二月から九月に至る間、それこそ一喜一憂したのでした。

第五章

昭和十五年の国策のあゆみ

欧州戦局の激動に伴う日本の選択

誤った情報判断

アメリカによって「いかさま戦争」と呼ばれ、チェンバレン英国首相によって「たそがれ戦争」と名づけられた欧州の戦局も、昭和十五年（一九四〇年）四月ないし五月、ドイツ軍の北欧次いで西方に向かう電撃作戦によって、その様相を一変いたしました。当時西欧において最大最強の陸軍を持っているといわれたフランス軍は一敗地にまみれ、英国はヨット、釣り舟、伝馬船《てんません》までも使って、五月末から六月初めにかけて、ダンケルクから撤退いたしました。六月十日イタリアは参戦し、六月二十二日フランスのペタン政府は降伏したのであります。

ドイツ軍が引き続き英本土上陸作戦を敢行するかどうかの一点に、世界の眼がそそがれたのは当然でありました。日本陸軍中央部の大勢は、「ドイツ軍の英本土上陸作戦は間もなく行われ、成功するであろう、そしてその結果大英帝国は崩壊の外はないであろうとの判断に傾いていた」のでありました。当時陸軍大臣であった畑俊六《はたしゅんろく》元帥は「ドイツの英本土上陸作戦は成功するものと判断していた。何故もっと早くやらぬのかとさえ思った。米内首相及び有田外相とこの問題で特別話し合ったことはないが、彼等も大体ドイツの上陸作戦が成功すると思っていたに違いない(1)」と戦後率直に回想しております。

海軍中央部においても、ドイツが欧州を制覇するであろうという判断は、おおむね決定的でありました。しかし陸軍とやや違って、比較的上級者の中には、英国海軍健在する限り英本土上陸作戦は困難であるとして、ドイツ軍の英本土上陸に懐疑的な意見を持つ向きもありました。

注目すべきは、陸海軍戦争指導主務者の中に次のような意見の者がいたことでありました。それは、ドイツの勢力が仏領印度支那《インドシナ》(以下仏印と略称)及び蘭領東印度(以下蘭印と略称)に進出して来ることを憂え、またドイツの欧州制覇に伴い英国の勢力が東漸する結果、軍事的、経済的に堅固なアングロアメリカンブロックが東南アジア方面に形成されるであろうことを指摘し、これらに対する防衛上の必要から、速やかに南方進出を行うべきであるという意見でありました。政府の情勢判断はおおむね陸海軍に追随的でありました。有田八郎《ありたはちろう》外務大臣が六月二十九日、「国際情勢と帝国の立場」と題して、ラジオ放送演説を行いましたが、それは世界が独伊の指導する欧阿圏、ソ連圏、日本の指導する東亜圏、アメリカ圏、の四大勢力圏に移行するであろうという判断を背景とするものでありました。このような欧州戦局激動のさなか、圧倒的輿望《よぼう》を担って登場したのが近衛文麿公の第二次内閣でありますが、その第二次近衛内閣が、成立四日後の七月二十六日、閣議決定した「基本国策要綱」の前文の冒頭には、次のように述べられております。「世界は今や歴史的一大転機に際会し、数箇の国家群の生成発展を基調とする新《あらた》なる政治経済文化の創成を見んとし、皇国亦《また》有史以来の大試練に直面す」というのであります。

当時の日本の報道言論はあげて、ドイツの絶対優勢を報道し、論説し、各政党政派はあげて、親英米外交から枢軸外交（親独伊）への転換を決議したり、要望したりいたしました。左翼政党たる社会大衆党ですら、戦後日本社会党の執行委員長にもなった浅沼稲次郎《あさぬまいねじろう》氏らの代表が、中央執行委員会の決定した強硬な要請書を、六月二十日政府に提出いたしました。その中には「世界及び東亜新秩序建設のため日独伊枢軸を強化すること。英米追随外交を清算し、日英・日米交渉を即時中止すること。仏印経由の援蔣ルートを遮断し、実力を以て仏印当局の不誠意な敵性を拋棄《ほうき》せしむるの保障を確保すること」(2)などが、含まれていたのであります。

不幸な進路選択

以上のような世界の激動に対処すべく選択された日本の進路は、第一は、間接手段による支那事変の解決促進であり、第二は、南方問題解決でありました。

第一の支那事変の解決には、この世界の変局を活用して一挙に事変を解決し、以て有終の美を完《まっと》うしようとする考えと、事変の泥沼状態から足を早く洗って国防力の弾発性を回復し、以て世界の変局に自由かつ主動的に対処しようとする考えの二つがありましたが、陸軍は比較的後者に傾いておりました。

そして支那事変は、今や蔣介石政権に対し政戦略の圧力をいかに直接加えても解決するものではない、蔣介石政権と米英仏ソ等第三国との政治的経済的軍事的連鎖を分断し、同政権を物心両面にわたり孤立化させることによってのみ事変は解決できる、すなわち蔣介石政権に対する間接攻勢こそが、今や重点的に打つべき有効適切な施策であるという結論でありました。

当時米英仏ソ等の第三国からのいわゆる援蔣物資は、いろいろのルートを通じて重慶方面に流れていました。参謀本部は昭和十五年（一九四〇年）六月頃における各ルートの月額補給量を、次のように推定しておりました。

西北ルート（外蒙ウランバートル経由）　（月）五〇〇トン
ビルマルート　（月）一万トン
仏印ルート　（月）一万五〇〇〇トン
中南支沿岸ルート（上海、香港経由密輸ルート）　（月）六〇〇〇トン

このうちの仏印ルートは、日本側の申し入れにより仏印総督によって自発的に閉鎖され、その監視のための日本の軍事機関が六月二十九日以来北部仏印に進出

しておりましたが、日本はさらにこの遮断を徹底化すると共に、北部仏印を基地とする海軍航空部隊によりビルマルートを攻撃遮断するため、所要の兵力を北部仏印に進駐させようとしたのであります。

この北部仏印への進駐は、支那事変の早期解決のためのものでありましたが、参謀本部の作戦当局及び陸軍現地にあっては、これを以て南進の第一歩と見なし、引き続き南部仏印に進駐する気持ちのものもいたのでありました。

第二のいわゆる南方問題解決とは、蘭印を日本の勢力圏に収め、日本が特に液体燃料に関して欧米依存経済を脱却して自給自足経済体制を確立せんとするにあります。

蘭印が日本の勧告によって、日満支を基盤とする東亜経済同盟に加入するとは思われず、勢い武力の行使が必要となりますが、英領マレーなかんずく、シンガポールに手をふれずに、蘭印を武力処理することは不可能と認められ、所詮軍事戦略的には英蘭を一体不可分として、南方問題の解決を考えざるを得ませんでした。しかも陸軍にあっては、南方問題解決の一側面として、英国勢力を東亜から駆逐しようとする狙いを、強く抱く向きもあったのであります。

かくて端的に申し上げれば、近く予想されるドイツ軍の英本土上陸等の好機を捕捉して、香港、英領マレー等を攻略して、英国勢力を東亜から駆逐すると共に、蘭印を日本の勢力圏に収めようと狙ったわけであり、政略出兵的用兵を以てする南方問題の解決案でありました。

これはもとより英米を分離し、戦争相手を英国または英蘭二国に限定し得ることを前提としたのでありました。ここで米英可分か不可分かの判断が重大な問題となったのであります。

陸軍が比較的米英可分論に傾くのに対し、海軍は不可分に傾いていたのでありますが、このときの国策の選択にあたっては、まさに米英可分を前提としたものでありました。

以上支那事変の解決と南方問題の解決のため、陸海軍が政府に要請した外交施策が、「独伊との政治的結束強化」と「対ソ国交の飛躍的調整」とでありました。

当時陸、海、外、戦争指導事務当局の間で、「日独伊提携強化案」という一構想が討議されておりました。それは英国を対象として日独伊間の政治的経済的提携強化を図ろうとするもので、「独伊との政治的結束強化」とは、それを指すのでありました。もっとも陸軍としてはドイツ軍事同盟——もとより対英軍事同盟——を提議して来た場合には、応じてもよいという程度の心構えを持ってはおりました。

またこの年春頃からソ連の蔣介石政権援助を中止させようという陸軍の発想に基づいて、日ソ中立条約交渉の準備が進められ、七月二日モスクワにおいてその交渉が開始されましたが、その日ソ中立条約ないし不可侵条約の成立を狙うのが、この「対ソ国交の飛躍的調整」でありました。

以上の選択は大本営陸海軍部から提案され、昭和十五年(一九四〇年)七月二十七日、組閣早々の第二次近衛内閣との「大本営政府連絡会議」において、「世界情勢の推移に伴う時局処理要綱」が採択されました。さきに昭和十三年(一九三八年)一月「国民政府を対手にせず」の声明発出をめぐって、政府と統帥部との間に亀裂が生じてから、大本営政府連絡会議は絶えて久しく開かれなかったのであります。

採択された「世界情勢の推移に伴う時局処理要綱」(以下「時局処理要綱」と略

称す）の概要は次の通りであります。⑶

⑴世界情勢の変局に対処し、内外の情勢を改善し、速かに支那事変の解決を促進すると共に好機を捕捉し対南方問題を解決す。

⑵支那事変処理に関しては、政戦両略の総合力を之に集中し、特に第三国の援蔣行為を絶滅する等、凡《あら》ゆる手段を尽して速かに重慶政権の屈伏を策す。対南方施策に関しては、情勢の変転を利用し、好機を捕捉し之が推進に努む。

⑶対外施策に関しては、支那事変処理を推進すると共に、対南方問題解決を目途とし、概ね下記に依る。

①先ず対独伊ソ施策を重点とし、特に速かに独伊との政治的結束を強化し、対ソ国交の飛躍的調整を図る。

②米国に対しては公正なる主張と毅然たる態度を持し、帝国の必要とする施策遂行に伴う已むを得ざる自然的悪化は敢て之を辞せざるも、常に其の動向に留意し、我より求めて摩擦を多からしむるは之を避くる如く施策す。

③仏印に対しては、援蔣行為遮断の徹底を期すると共に、速かに我軍の補給担任、軍隊通過、及飛行場使用等を容認せしめ、且帝国の必要なる資源の獲得に努む。

必要により武力を行使することあり。

④蘭印に対しては暫く外交的措置に依り其の重要資源確保に努む。

(4)対南方武力行使に関しては下記に準拠す。

①支那事変処理概ね終了せる場合に於ては、対南方問題解決の為内外諸般の情勢之を許す限り、好機を捕捉し武力を行使す。

②支那事変の処理未だ終らざる場合に於ては、第三国と開戦に至らざる限度に於て施策するも、内外諸般の情勢特に有利に進展するに至らば、対南方問題解決の為武力を行使することあり。

③武力行使に当りては戦争対手を極力英国のみに局限するに努む。但し此の場合に於ても対米開戦は之を避け得ざることあるべきを以て之が準備に遺憾なきを期す。

　この決定は日本のその後の進路における画期的なものでありました。昭和十四年（一九三九年）欧州において第二次世界大戦が勃発したとき、日本は不介入方針を宣言して、支那事変処理に邁進することを期したのでありますが、今や日本は好機武力南進を行い、日独伊軍事同盟をも辞せず、対米本格的戦備に着手するという重大な決断を行ったのであります。まさに不介入方針の一擲《いってき》であります。それは支那事変が世界的規模と構想とによらなければ、解決しないというやむにやまれぬ事態に追い込まれた面もありますが、所詮は欧州戦局の帰趨に対する洞察を誤った結果に外なりません。

　なお一般に見失われがちなのは、この決定において南方武力行使に関し、米英可分を前提としながらも、「避け得ざることあるべき（対米開戦の）準備に遺憾なきを期す」という規定がなされたことであります。これはその後の国策方針に関して決定的意義を持つものでありました。日本海軍はこの規定に拠り本格的対米戦備に着手いたしました。それは実質的な「出師《すいし》準備第一着手」の発動であり、昭和十六年（一九四一年）四月十日までに、外戦部隊対米七割五分の戦備が完整するわけであります。当時陸軍はもとより海軍も、対米開戦の意志をほとんど

——全くというのが正しいかも知れません——持っておらず、ここは「対米開戦のおそれのあるが如き対南方武力行使は絶対に行わず」と規定せらるべきであったのでありましょう。

日独伊三国同盟

防共協定強化問題

昭和十一年（一九三六年）十一月、「共産インターナショナルに対する日独協定」、すなわち俗にいう日独防共協定が締結されました。それには秘密協定がついており、実は防共協定はこの秘密付属協定を結ぶためのカムフラージュともいえるものでありました。「締約国の一方がソヴィエト社会主義共和国連邦より挑発によらざる攻撃を受け、又は挑発によらざる攻撃の脅威を受ける場合には、他の締約国はソヴィエト社会主義共和国連邦の地位に付《つき》、負担を軽からしむるが如き効果を生ずる一切の措置を講ぜざることを約す」というのが、その秘密付属協定の骨子であります。

余談ですが、この秘密付属協定は間もなくソ連に筒抜けとなりました。当時の駐ソ陸軍武官の金庫の中の暗号書が盗写され、暗号が解読されたためであり、戦後それが判明いたしました。

昭和十三年（一九三八年）七月以来、この防共協定を軍事同盟に強化する問題が、第一次近衛内閣、次いで平沼騏一郎《ひらぬまきいちろう》内閣の重要課題となりました。近衛公の第一次内閣投げ出しの真意は、支那事変の行きづまりではなく、この問題を持てあましてのことのようであります。

ドイツ側は今や同盟の対象をソ連のみでなく、英仏にも拡大することを主張し、日本側は、陸軍が条約の成立を期するためドイツに同調しようとするのに対し、海軍、外務は本来のソ連一国を主張し、結局海軍、外務も英仏をも対象に含めることに同意いたしましたが、条約発動の条件、軍事援助の内容問題をめぐって日独間の意見が対立し、交渉は停頓いたしました。

この間約七〇回にも及ぶ五相会議が防共協定強化問題をめぐって開かれ、世間の注目をあつめましたが、昭和十四年（一九三九年）八月二十三日、独ソ不可侵条約成立というドイツのいわゆる背信行為に直面して、平沼内閣も倒れたのでありました。

従って昭和十五年（一九四〇年）七月第二次近衛内閣登場にあたり、陸軍は独伊との提携問題に関し、軍事同盟へ強化することをタブーとし、また、事実においても、日独伊提携強化策が、政治的経済的協力関係にとどまっていたことはさきにふれた通りであります。

しかるに近衛公は組閣に当たり、今やドイツとの軍事同盟問題に頰かむりをしたままでは、組閣もできないし、時局の処理も覚束ない、すなわち陸軍はもとより、一般世論も許さぬと速断したようであります。

組閣前の七月十九日、近衛公は吉田善吾《ぜんご》海相（留任予定）、陸相候補の東条英機中将、外相候補の松岡洋右《ようすけ》氏を私邸に集め、組閣すべき新内閣の施政方針を極秘文書によって申し合わせました。その対世界政策の一項に、「速かに東亜新秩序を建設するため日独伊枢軸の強化を図り、東西互に策応して諸般の重要政策を遂行す。但し枢軸強化の方法及び之が実現の時機等に就《つい》ては、世界情勢に即応して機宜《きぎ》を失わざることを期す」(4)とあります。

枢軸強化の方法まで話し合った形跡はありませんが、この申し合わせにより日独伊三国同盟への方向は決したと見なして差し支えないでありましょう。この極秘文書は松岡洋右氏が準備したもののようであります。

松岡外相の電撃的条約締結――対英政治同盟から対米軍事同盟へ

昭和十五年（一九四〇年）七月二十七日大本営政府連絡会議採択の「時局処理要綱」に基づく「独伊との政治的結束強化」問題は、まさしく松岡外相の胸三寸によって処理されました。同外相は前駐独大使大島浩《おおしまひろし》陸軍中将と二度話し合った外は、ほとんど外務省顧問斎藤良衛《りょうえい》氏ただ一人を相談相手としてこの問題に取り組みました。松岡外相は八月一日オットー独大使をお茶に招いて、日独枢軸強化に関する対独呼びかけを行いました。果然八月二十四日来栖《くるす》三郎駐独大使から、リッペントロップ外相の腹心スターマー氏が、特使として日本に派遣される旨報告があり、そのスターマー特使はシベリア経由九月七日来日したのでありました。

第二次近衛内閣成立前の七月中旬、陸、海、外、事務当局は「日独伊提携強化策」を立案討議いたしましたが、「時局処理要綱」の採択をふまえて、七月下旬から八月上旬にかけて、さらにその審議を進め、数次にわたる修正案を経て八月六日案をつくりあげました。それは従来通り、主として英国を対象とする政治的経済的提携強化の範囲にとどまるものでありました。例えば日本が「独伊の対英戦争遂行を容易にする為、為し得る限り協力す」という条項の具体的内容いかんといえば、「東亜に於ける英国権益の排除、示威及宣伝に依る協力、属領植民地の独立運動支援等」という程度に過ぎないのでありました。

しかるに松岡外相はスターマー特使の来日を前にして、九月四日陸海軍にあらかじめなんら諮《はか》ることなく、この八月六日案に根本的大修正を加えて対米軍事同盟案に一変させ、九月六日の四相会議にいきなり提案いたしました。八月六日以後、陸、海、外、事務当局は、この問題にノータッチとなっていたのであります。

吉田海相は対米問題に関し心痛のあまり病気となり、入院辞任し、九月五日後任に及川古志郎大将が就任いたしました。

外務省顧問斎藤良衛氏によれば、この四相会議において「松岡外相は三国同盟問題の経過を詳述したる上、三国同盟締結以外に難局打開の方策なきことを強調説明したる処、海相は之を聞き終りたる後、暫く沈思の末、下僚の意見を徴することもなく、国務大臣として自己の責任に於て、即座に之に同意を表したり。是に於て停頓は打開せられ、松岡外相の提案は四相全部の同意する所となれり」(5)というのであります。

果たして、及川海相が就任翌日の四相会議において、海軍にとって、ここ、一両年来の重要課題であった三国軍事同盟問題について、即座に同意を表したかどうか多分に疑問の生ずるところであります。現に欄外に青鉛筆——及川海相の自筆と認められる——または赤鉛筆による修正意見が記されている九月四日案が、海軍史料として残っておりますが、それを分析いたしますと、海軍は日独伊三国の同盟に対し、原則的には反対ではないが、その同盟が米国に対する軍事同盟の性格をも持つことには反対——絶対に——であるということにつきるようであります。

しかし及川海相が九月六日の四相会議において、少なくも原則的には同意の意志を表明したことは確実と認められ、松岡外相はこの九月四日案に基づき、スターマー特使との交渉に臨んだのであります。

松岡、スターマー会談は、九月九日松岡私邸において行われ、わずか一回で原則上合意に達し、十日松岡私案の提示、十一日ドイツ側の反対提案――軍事同盟条項の明確化――を以て、早くも条約の基本条項は概定したのであります。

かくて九月十二日四相会議、十四日大本営政府連絡懇談会、十六日臨時閣議を経て、九月十九日御前会議が開かれ、日独伊三国同盟の要綱は廟議《びょうぎ》の最終決定を見たのであります。

この間本来対米軍事同盟には不安ないし反対の海軍が、最後の抵抗として主張したのは自動的参戦の回避であり、所詮それは三国同盟の骨抜きに通ずるものでありました。九月十二日の四相会議において、及川海相はそのため一時態度を保留したのであります。結局条約第四条に条約実施のために混合専門委員会を設置することが規定され、かつ参戦の義務が発生すべき米国の攻撃が、なされたかどうかの判定を、締約国間の協議決定によることとして、自動的参戦回避の趣旨を生かしたのであります。

概していえば、この後採択される多くの日本の国策案文その他の文書において、この三国同盟条約の義務発動問題を規定する場合、きまって「条約の義務は忠実に守る」、しかし「武力行使の時機及び方法は自主的にこれを定める」というのが通り文句であり、恐らく日本は日本自体の存立が脅威されない限り、ドイツが攻撃されたことが明らかな場合でも、ついに参戦に踏み切ることはできなかったでありましょう。

三国同盟の目的――松岡外交の戦略目標

日独伊三国同盟条約調印の前日、すなわち九月二十六日行われた枢密院《すうみついん》審査委員会――枢密顧問官全員を以て構成――の審査報告に、「本件日独伊三国条約は日独伊三国の共通の利益に立脚して、夫々《それぞれ》大東亜及欧州に於ける新秩序建設に協力邁進する為三国の提携を一層強化し、更に現に参戦し居らざる他国の攻撃に対し、三国は有らゆる手段を以て援助を為さんことを盟約せんとするものにして」とあります。すなわち東西呼応する世界新秩序建設のための盟約を第一の目的に掲げております。それは条約本文が明示するところであり、二十七日、調印と同時に発せられた内閣告諭、外務大臣談話、翌二十八日の近衛首相ラジオ放送、十月四日の須磨弥吉郎《すまやきちろう》外務省情報部長のラジオ放送等のいずれもが、それを繰り返し強調してやまなかったところであります。

しかるに近衛首相は九月十九日の御前会議における提案主旨説明において、「独伊は米国の参戦を防止することを希望し、我国は米国との危機回避を希望する点に於て利害の一致を見て居るのであります」と述べ、松岡外相も、条約の内容説明の結言において、この条約は「独逸《ドイツ》は米国の参戦を、日本は日米衝突を、回避する事を共通目的としたのであります(6)」と明言し、首相外相共に米国との戦争危機感を強調しているのであります。当時陸海軍はドイツの欧州制覇を既に決定的と見て、米英可分を前提とする武力南進の好機が到来すべきを期待していたときであり、日米戦争の到来を前提としそれを回避するためにこそ、ドイツと同盟を結ぶというような発想を、明確に指摘するものはまだありませんでした。この点近衛首相及び松岡外相の発言は、ことさらに対米危機感を誇張したきらいを拭い得ません。枢密顧問官深井英五《ふかいえいご》氏は「松岡外務大臣が日米戦争の防止を説くは、日独伊同盟の表面的理由として形式を整えたるに過ぎざることを疑わざるを得ず(7)」と手記しているのであります。

もっとも早晩アメリカの対日全面禁輸の発動に伴い、日米戦争は不可避であるという不安感が、陸海軍中央部の事務当局を支配していたことは事実であります。その破局を救うためには強力な外交施策が必要でありました。松岡外相の真意は、「日米衝突の回避」というような直接的な表現ではなく、御前会議で引き続き述べた次の説明が、(8)最もよく意を尽くしているものと認められます。

「日米国交は最早《もはや》礼譲又は親善希求等の態度を以て改善するの余地は殆《ほと》んどないと思われますのみならず、却って悪化さすだけの事ではあるまいかと懸念せらるる有様になって参りました。若《も》し幾分にても之を改善し、又は此《こ》の上の悪化を防ぐ手段ありとすれば、唯毅然たる態度を採ると云う事しか、此の際の措置として残って居ないと存じます。しかりとすれば、其の毅然たる態度を強むる為に一国にても多くの国と堅く提携し、かつその事実を一日にても速《すみやか》に中外に宣明周知せしむることによりて、米国に対抗することが外交上喫緊《きっきん》事であると信ずるのであります。

しかし本大臣はかかる措置の反響ないし効果を注視しつつ、尚米国との国交を転換するの機会は、之を見逃さない用意を常に怠らない覚悟でございます。唯それにしても、一応は非常な堅い決心を以て毅然対抗の態度を、中外に向って一点疑いを容るる余地のないまでに明確に示さなければなりませぬ。此の点は本条約締結に伴う最重要なる点でありますから、最後に之を反覆して置きます」

第二次近衛内閣の内閣書記官長富田健治氏によれば、「三国同盟は対米国交調整の伏線であった」(9)という。たしかに松岡外交は発足当初から、対米国交調整がその終局の戦略目標であったようであります。

昭和十五年(一九四〇年)十一月中旬ベルリンにおいて、リッペントロップ、モロトフ会談が行われましたが、それに備えて提案されたいわゆるリッペントロップ腹案――日独伊ソ四国協定案――に対し、松岡外相が直ちに同意を回答し、翌年四月ドイツの不賛成を承知しながら、日ソ中立条約を成立させたのも、三国同盟政策の発展拡大に外なりません。

松岡外相のドイツ訪問自体が、対米国交調整のためのデモンストレーションではないかとみられるふしがありました。同外相は昭和十六年(一九四一年)一月二十二日衆議院本会議の外交演説及び一月二十六日衆議院予算総会の発言において、非常に強気の言辞で対米所信を披瀝《ひれき》し、裏面においては、旧知の米人トーマス・ラモント及びロイ・ハワード両氏らと交信して、両国国交改善に協力方を要

望したりいたしました。(10)

そして訪独の往き帰りともモスクワにおいて、ルーズベルト大統領に近いといわれる駐ソ米大使スタインハート氏と盛んに接触し、ルーズベルト大統領の斡旋による支那事変の解決を工作いたしました。帰国のシベリア車中において松岡外相がひたすら待ちこがれたものは、スタインハート氏からの好返事でありました。

松岡外相はその好返事入手に伴い、要すればアメリカに乗り込み、直接ルーズベルト大統領と会談して国交を調整し、かつ一挙に支那事変を解決しようという希望を抱いていたのであります。しかし留守中の日本において同外相を待ち受けていたものは、後で述べますような岩畔豪雄《いわくろひでお》陸軍大佐とカトリック神父との合作による日米調整案であり、やがてはアメリカ国務長官コーデル・ハル氏の松岡外相忌避電報(11)を契機とする同外相失意の失脚でありました。

いわゆる松岡外交は、機略に富み壮大なビジョンを持ってはいましたが、ドイツの優勢を過信し、アメリカを米州大陸に封じ込め得ると過低評価し、アメリカの国民性は強く出れば退くと誤断したことにより、失敗に終わったというべきでありましょう。

重なるドイツの不信行為

昭和十六年（一九四一年）六月二十二日、独ソ開戦によって、松岡外交の狙った日独伊ソ四国提携構想はあえなく崩壊いたしました。ドイツの対ソ絶対優勢を信じており、かつ事前に十分知らされていたことでもあったので、ドイツに対する不信感を指摘するものは少なかったようであります。

しかるにヒットラー総統の対ソ戦争準備命令――指令第二一号バルバロッサ作戦命令――は、昭和十五年（一九四〇年）十二月十八日発令されております。これは条約実施のため設けられた混合軍事専門委員として、ドイツに特派された日本側委員にも全く知らされておらず、日本政府及び大本営はもとより関知しなかったところであります。しかしそれも条約締結後の状況変化ということで許されるとして、ドイツ陸軍参謀総長ハルダー将軍の日記によれば、ヒットラー総統は早くも昭和十五年（一九四〇年）七月三十一日対ソ戦を決意していたようでありま す。「この説明に従ってロシヤは解決されねばならない。一九四一年春である。我々がロシヤを打倒するのは早ければ早い程よい」[12]と記されております。それはスターマー特使来日の二カ月余り前のことであります。

スターマー特使は、九月九日松岡外相との第一回会談において、「英国側の宣伝に反し独ソ関係は良好にして、ソ連はドイツとの約束を満足に履行しつつあり」と述べ、「先ず日独伊三国間の約定を成立せしめ、然る後直ちにソ連に接近するに如《し》かず、日ソ親善に付ドイツは正直なる仲介人たるの用意あり」[13]と約束したのであります。

九月二十六日さきにふれました枢密院審査委員会に引き続き、天皇御臨席の枢密院本会議が行われました。外交界の長老石井菊次郎枢密顧問官が代表して、賛成の意見を述べましたが、国際条約の運用に関する注意を喚起した中に、次のような一節があります。「独国宰相ビスマルクは嘗《かつ》て国際同盟には一人の騎馬武者と一匹の驢馬《ろば》とを要す、而《しこう》して独逸国は常に騎馬武者たらざるべからずと謂えり」というのであります。日本はまさに一匹の驢馬であったのでありましょうか。

米英依存経済の苦悶

米英依存経済の実態

日本は支那事変の拡大に伴い、必然的に統制経済に移行せざるを得ませんでしたが、昭和十三年（一九三八年）度以降においては、政府が会計年度と同じ年度ごとに、原料物資の需給計画を策定し、戦時経済の要請に基づき需給の統制を行って参りました。この物資需給計画を物資動員計画（物動と略称することあり）と称し、昭和十五年（一九四〇年）度物資動員計画の決定はおくれて六月二十九日となりました。

陸軍が過度な米英依存を脱却することを、一つの狙いとして推進した重要産業拡充計画は、満洲国にあっては昭和十二年（一九三七年）度、日本にあっては昭和十三年（一九三八年）度から実施に入りましたが、支那事変を遂行しながら生産力拡充を図ることは極めて困難でありました。

しかし鉄、石炭、電力、工業塩の基礎物資（産業）に関する限り、日満支三国を基盤とする円ブロック内において、自給自足の目途がつくに至りました。

問題は希少金属、非鉄金属にありました。マンガン、タングステン、クロム、モリブデン、ニッケル、コバルト等の希少金属――いずれも特殊鋼の配合金属として不可欠――及び銅、鉛、亜鉛、錫《すず》、アルミニウム等の非鉄金属に至っては、マンガン、タングステン、クロムにおいて辛うじて円ブロック内における自給自足の目途があり、銅に若干の自給力がありましたが、その他は自給力皆無――製錬設備はあっても原料鉱石の産出なし――に近い実情でありました。

このうち希少金属は有事回収、節約、代用を極力促進することにより、窮状を打開する可能性がなくはないのでありますが、非鉄金属に至っては備蓄によるの外は絶望的でありました。

さらに最も致命的な問題は液体燃料の自給でありました。日本における原油の生産量は、昭和十四年（一九三九年）度四〇万七五二一トンを最高とし、年額わずかに四〇万トン以下でありました。円ブロック内他のいずれの地点においても、石油の産出は全く絶望と見られておりました。

現在中国大陸において年額二〇〇〇万トンの石油が産出するなどとは、夢想だにしなかったところであります。当時約五〇〇万トンの需要に対し、自給率はわずかに一割以下であったわけであります。

人造石油の生産は生産力拡充計画における重点施策の一つでありましたが、支那事変遂行のため他の産業と同様、拡充規模及び速度の繰り延べを余儀なくされて来ました。人造石油産業の建設に必要とする大量の鋼材は、軍需に圧迫されて捻出が困難であり、その中心設備である大量の高圧反応筒の製作に必要とする高圧プレスは陸海軍の巨砲製造に追われて割り当て少なく、設備の普遍的部分を占める莫大なパイプ類の製造も工作能力上、限界がありました。

しかも昭和十五年（一九四〇年）五月三井鉱山株式会社の人造石油の成功が特報されましたが、根本的にはまだ完全な技術的解決を得ておりませんでした。昭和十四年（一九三九年）度において、揮発油、軽油、重油、機械油を通じ、一万七九三四立方キロの人造石油が国内において生産されたことになっておりますが、まだ試験的段階を出なかったのであります。

かくて日本は液体燃料を始めとする多くの戦略物資の大部分を、米英ブロックからの輸入に依存していたのであります。しかもその輸入に必要とする外貨――昭和十五年（一九四〇年）度の外貨輸入力約六億五〇〇〇万ドル――は、主として日本の軽工業特産品である生糸と綿製品の輸出により得たものであります。その輸出先はアメリカ、インド、蘭印、豪州等でありますが、それは棉花《めんか》の主なる輸入先でもあるのであります。

すなわち日本は原料を米英ブロックから輸入し、その製品を米英ブロックに再輸出し、その加工賃によって他の戦略物資を購入する仕組みでありました。まさに米英依存経済そのものでありました。

重要資源の依存関係からしても、経済構造の面からしても、日本は完全なる米英依存経済の体制にあり、もしこれを脱却せんとするならば所詮南方問題の解決が必要であったのであります。

アメリカの対日全面禁輸の脅威

アメリカは、昭和十三年（一九三八年）六月発動した道義的禁輸以来、日本に対する経済圧迫を逐次強化して参りました。

日米通商航海条約は、アメリカ政府によって破棄が通告されたとき――昭和十四年（一九三九年）七月二十六日――から半年後の、昭和十五年（一九四〇年）一月二十六日を以て失効し、アメリカは対日貿易に関する条約上の義務から解放されました。

そして昭和十五年（一九四〇年）六月十五日、アメリカ政府は俗にシェパード法と呼ばれる国防強化促進法なるものを成立させました。それは大統領に国防上の必要に基づく貿易統制の権限を与えるものであります。

ルーズベルト大統領は、直ぐにでも屑鉄の輸出を禁止する旨を公然示唆しましたが、七月二日大統領が発令した輸出許可品目の中には、石油と屑鉄とが除かれていました。

しかるに七月二十五日（ワシントン時間）ルーズベルト大統領は、新聞記者に対し屑金属及び石油のあらゆる輸出は、許可制のもとに置かれるだろうと声明いたしました。それは青天の霹靂《へきれき》ともいうべきものでありました。

しかしすぐに国務省の意見によって実質的には取り消されました。[14] ちょうどこの一年後の同じ日に、ルーズベルト大統領は対日資産の凍結を発令し、日米戦争となったのでありますが、アメリカ政府はいつでも、この伝家の宝刀を抜き得る立場にあったのでありました。

アメリカが日本に対し屑鉄の輸出禁止を発表したのはこの年（一九四〇年）九月二十六日、日本軍が北部仏印に進駐したときでありました。残るは石油だけであり、アメリカがいつ石油の対日輸出を禁止するであろうかは、日本なかんずく陸海軍の最大関心事でありました。なぜならばそれは無条件に戦争を意味するからでありました。

昭和十五年（一九四〇年）五月十一日ないし二十一日、海軍は軍令部が主催し、海軍省、海軍航空本部、艦政本部の各出師《すいし》準備関係者をも加えて、大規模な対米持久作戦に関する図上演習を実施いたしました。当時までに海軍が備蓄し得た液体燃料は約六〇〇万トンでありました。研究結論の一つは「米英の全面禁輸を受けた場合、四～五カ月以内に南方武力行使を行わなければ、主として液体燃料の関係上戦争遂行が出来なくなる」[15]というのであり、それが爾後海軍の定論となったのであります。

さきの七月二十七日「時局処理要綱」採択以後において、海軍側が対米和戦問題に関し起草した公式非公式の文書のいずれにも、アメリカが対日全面禁輸を行った場合には、日本はその存立上好むと好まざるとに拘らず、武力を行使せざるを得ざる旨の決意が明記されており、ここに例示の必要もありません。全面禁輸はすなわち全面禁油に外ならず、その事態は極めて明白で現に石油が一滴も入って来ないのでありますから、いかに海軍に苦悶ありとするも、対米戦争を決断せざるを得ないのでありました。

米英可分から米英不可分へ

海軍出師準備発動

昭和十五年（一九四〇年）七月二十七日決定の「時局処理要綱」に基づき、陸軍が南方問題解決のため差し当たり着手した準備の主なるものは、兵要地理の調査、作戦計画の研究策定等の外は、南方作戦の骨幹兵力となるべき四個師団を、中南支方面に適宜集結させて、南方作戦に適合するよう編制装備の改編や教育訓練を行うことなどに止まっておりました。

一方、海軍はさきにもふれました通り、昭和十五年（一九四〇年）八月二十四日上奏裁可を経て、対米本格的戦備に着手したのであります。それは一般を刺激することをおそれて、正式発動の形式を取りませんでしたが、出師準備第一着作業の実質的発動でありました。これは陸軍でいえば全軍動員にあたります。間もなく事務的に不都合不便があるということで、同年十一月十五日正式発動の手続きが取られました。

そして逐次艦船及び部隊の整備に伴い、三次にわたり戦時編制の増強が発令されました。第一次は昭和十五年（一九四〇年）十一月十五日第六艦隊（潜水戦隊三）等の新設、第二次は昭和十六年（一九四一年）一月十五日第一一航空艦隊（基地航空）等の新設、第三次は四月十日第三艦隊、第一航空艦隊（母艦航空）等の新設であり、以上で日本海軍の可能最大限の対米七割五分（外戦部隊）の戦備が完整したのであります。

さきに、昭和十五年（一九四〇年）九月十四日、三国同盟に関する大本営政府連絡懇談会が開かれたことにふれましたが、その席上近藤信竹《のぶたけ》軍令部次長が「海軍は対米開戦準備は完成しておらず、来年四月になれば完成する」(16)と言明したのは、この出師準備第一着作業の進行を意味するものでありました。

山本連合艦隊司令長官による米英不可分思想統一

米英可分を前提とし、好機を捕捉し武力を行使して南方問題を解決するという「時局処理要綱」の採択——昭和十五年（一九四〇年）七月二十七日——は、海軍にとってはやや慎重を欠く感を拭い得ないものがありました。その一カ月後の八月二十八日海軍は陸軍に対し、「時局処理要綱に関する覚」[17]なる文書を提示し、その中で特に、南方問題解決の好機とは、いかなる場合であるかを次のように例示したのであります。

(1)米国が欧州戦争に参戦其の他の施策に依り、米国が東洋の事態に対し割き得べき余力小となれる場合

(2)英国の敗勢明となり、東洋に対する交戦余力小となり、従って、

①英国の領土を侵すも英国援助の為米国の乗り出す算少き場合

②帝国が英国以外を目標とせる場合に於て、英国が我に対し立つ算少く米国亦《また》立つ算少い場合

これは海軍側の米英可分の可能性に対する期待が、極めて限られたものであり、従って海軍側の武力南進に対する考えが、極めて慎重であることを物語るものでありました。それは対米戦備の未完整にもよることでありましょう。

昭和十五年（一九四〇年）十一月二十六日ないし二十八日、山本五十六《いそろく》連合艦隊司令長官が統裁し、軍令部、連合艦隊、海軍大学校の関係者を動員して図上演習が行われました。蘭印攻略作戦から始まって、対米英戦に発展する情況を実演研究したものでありました。山本長官は演習終了後、求めに応じて次のような所見[18]を伏見宮軍令部総長に進言いたしました。

(1)米国の戦備が余程後れ、又英国の対独作戦が著しく不利ならざる限り、蘭印作戦に着手すれば早期対米開戦必至となり、英国は追随し、結局蘭印作戦半途に於て対蘭、米、英数カ国作戦に発展するの算極めて大なる故に、少くとも其覚悟と充分なる戦備とを以てするに非ればば、南方作戦に着手すべからず。

(2)右の如き情況を覚悟して尚《な》お開戦の已むなしとすれば、寧《むし》ろ最初より対米作戦を決意し、比島攻略を先にし、以て作戦線の短縮、作戦実施の確実を図るに如かず。蘭印作戦は其資源獲得にあり、之を平和手段にて解決し得ざるは米英のバックあればなり。若し米英が到底立たずと見れば蘭印は我要求に聴従する筈《はず》なり。
故に蘭印との開戦已むなき情勢となるは即ち米、英、蘭数カ国作戦となるべきは当然なり。

（以下省略）

この所見は及川海相にも提出され、伏見宮軍令部総長は「全部同感なり」と述べ、及川海相は「全然同感にて中央もそのつもりにて時局処理に当るべし」と言明したということでありました。

これは重大な意義を持つものでありました。爾後海軍は米英絶対不可分に思想統一され、対南方武力行使はすなわち対米武力行使絶対となったのであります。

この所見の第一項は当時の状態において誠にもっともな所論でありますが、第二項の所論は、歴史の批判検討をまたなければならないでありましょう。かくて局地攻略出兵的南方戦争から対米英蘭全面的戦争に変質して行きました。そして山本連合艦隊司令長官は、その頃から対米開戦の場合開戦劈頭《へきとう》真珠湾を攻撃する構想を練り始めました。

すなわち昭和十六年（一九四一年）一月七日山本長官は及川海相に書簡(19)を送り「日米戦争に於て我の第一に遂行せざる可《べ》からざる要項は、開戦劈頭敵主力艦隊を猛撃撃破して、米国海軍及米国民をして救う可からざる程度に其の士気を沮喪《そそう》せしむること是なり」として、真珠湾攻撃の要領を詳説し、その攻撃を行うべき航空艦隊司令長官に就任したいと希望いたしました。その書簡には「客年《かくねん》十一月下旬一応口頭進言せる所と概《おおむ》ね重複す」と付記してあります。

日本海軍はかねて西太平洋における戦略的邀撃《ようげき》決戦を、その伝統的作戦方針として来ましたが、この邀撃決戦方針を排して、随時随処に米艦隊を求めて攻勢を執る作戦方針に転換いたしました。戦争計画の質の転換も、作戦方針の転換もこの時期においてなされたのであります。

この頃すなわち昭和十六年（一九四一年）一月二十九日ないし三月二十九日ワ

シントンにおいて、英国側の強い働きかけにより米英軍事会談が開かれました。その結果採択されたのが、「ABC－Ⅰ」及び「ABC－Ⅱ」より成る「米英参謀会談報告」であり、これをふまえて新しく策定されたアメリカ自体の統合基本戦争計画が「レインボー五号」であります。五月ないし六月初め、ノックス海軍長官次いでスチムソン陸軍長官の承認するところとなっております。「レインボー五号」[20]の日本に対する基本戦略の骨子は次の通りであります。

(1)日本が参戦した場合極東における軍事戦略は防勢をとる。
(2)米国は極東に対し現在以上に軍事力を増強する意向はない。
(3)英国の極東における地位、なかんずくその象徴たるシンガポールは「英連邦の結合と安全並にその戦争努力の保持を確保する」見地において、防衛を強化しなければならないが、それは英連邦の自力によるものとし、米国はそのかわり大西洋及び地中海方面に兵力を増強する。
(4)但し日本の南進作戦を牽制するため、米国太平洋艦隊を機宜攻勢的に使用する。

「決定的な戦場は大西洋と欧州地域であり、従って米国の主なる軍事的努力は大西洋と欧州地域において行使される」というのが、アメリカの対日独伊戦略の基本方針でありました。

日本海軍にとっては上記末項の米国太平洋艦隊の行動が問題でありますが、「レインボー五号」に基づく「海軍基本戦争計画」すなわち「WPL‐46」によれば、それは「カロリン及びマーシャル諸島方面の占領と支配の確立、並びに前進根拠地をトラックに設定する準備をなす」ということでありました。

この「レインボー五号」は、七月二十六日マッカーサー将軍の米極東陸軍司令官就任と、米陸軍の空の要塞B‐17の登場とにより、フィリッピン防衛に関し一部計画の修正が行われた外は変更なく、日米開戦を迎えたのであります。

なお日米開戦の約一カ月前、すなわち昭和十六年（一九四一年）十一月五日マーシャル陸軍参謀総長、スターク海軍作戦部長が、ハル国務長官の求めに応じ、「極東情勢に関する戦略見積」を大統領に提出しましたが、その中に日本に対し軍事行動を開始すべき場合が、次のように規定されております。

⑴米国の領土ないし委任統治領に対し、日本軍隊が直接的な武力行使を行ったとき。
⑵日本軍隊が東経一〇〇度以西、北緯一〇度以南のタイ国領土、ポルトガル領チモール島、ニューカレドニア島、ロイヤルティ群島のいずれかに侵入したとき。

そして十一月二十七日再度出された戦略見積では、蘭領東インドの領土がこれに加えられました。

日本側が苦悩した米英可分か不可分かの問題の底に流れる米英両国間の軍事的計画の実体は以上のようなものでありました。

「時局処理要綱」の形骸化

海軍が米英絶対不可分に思想統一せられ、海軍側に、好機を捕捉し武力を行使して南方問題を解決する意志のないことは、昭和十六年（一九四一年）二～三月

の頃陸軍側の知るところとなりました。一方陸軍省戦備課（軍需物資担当）は一月以来、

(A)南方に武力を行使し対米英長期戦となった場合

(B)南方に武力を行使することなく現状を以て推移した場合——米英との経済断交に至らぬ場合と至る場合に区分

における物的国力判断を行って来ましたが、三月下旬陸軍中央部の首脳及び事務当局に対し報告説明を行いました。

その両者を比較分析しての判決は「帝国は速やかに対蘭印交渉を促進して、東亜自給圏の確立に邁進すると共に、無益の英米刺激を避け、最後迄米英ブロックの資源に依り国力を培養しつつ、有《あら》ゆる事態に即応し得る準備を整えることが肝要である」[21]というのであります。

これは南方武力行使にはおおむね否定的ないし消極的な判決であり、一応積極論者に冷水を浴びせたものでありました。

かくて四月十七日大本営陸海軍部間に「対南方施策要綱」[22]が採択されました。

これはある意味では、昭和十五年（一九四〇年）七月二十七日の「時局処理要

綱」の形骸化でありました。好機を捕捉する南方武力行使は行わず、たとえ英本土の崩壊確実な場合でも、対蘭印外交措置を強化するだけであります。ただし米英蘭の対日禁輸または軍事的圧迫加重の場合、自存自衛のため武力を行使すべき意志を、廟議決定の国策案に明示せんとしたことは画期的変化でありました。

日本海軍の苦悩

しかしこの「対南方施策要綱」は、昭和十六年（一九四一年）四月十八日野村吉三郎《きちさぶろう》駐米大使から日米国交調整に関する「日米了解案」の請訓電が接到し、政府及び陸海軍の関係当局をあげて、これに取り組む必要があり、海軍中央部内一部の南方積極論者の思惑もあって、遂に廟議決定の運びには至りませんでした。

さて昭和十六年（一九四一年）四月十日、出師準備第一着作業を終わって、対米七割五分の戦備を完整した海軍は、一般はもとより陸軍にも知られたくない多くの苦悩をもっておりました。

第一は、出師準備第一着完整と「対南方施策要綱」との政策の背馳《はいち》でありました。すなわち出師準備第一着作業は、本来「時局処理要綱」に基づき好機を捕捉し南方に武力を行使するため発動されたものでありますが、それがあたかも完整された時点においては、好機対南方武力行使を行わぬことを建前とする「対南方施策要綱」が採択されているのであります。それはまさに政策の背馳矛盾であります。

現に陸軍は「対南方施策要綱」の採択に伴い、再び支那事変処理と対ソ防衛強化に専念する姿勢に転換したのであります。

もっとも海軍の出師準備は、さきにふれました通り、好機便乗的南方解決論にとって代わった受動防衛的南方解決のため、不可欠であるという理由が成り立ち、それは充分首肯されるところであります。

第二は、しかしその受動防衛的南方解決は、他動的で時機がいつになるか不明であるのに、出師準備はそのまま長く持ち続けることが、不可能であるということであります。すなわち出師準備第一着完整に伴う四月十日付編制は、次いで間もなく第二着作業を発動し、全面的戦時編制に移行して開戦に備えるか、早晩編制を縮小するか、いずれかを選択しなければならないものであります。

軍令部作戦課先任部員は、早くも昭和十五年（一九四〇年）十二月十三日「欧

州戦争進展せず且つ米国との関係好転し、米国の物資輸入に関する或種の保証を得る等の理由に依り、又は欧州情勢有利に進展するも我国策決せずして、其の好機に投じ日米戦を賭し対蘭印積極方策を執るの決意万一にも付かざる場合に在りては（注　好機便乗的南方解決論がまだ残っている）、八月中に四月十日付編制を以て大演習（対抗演習）を実施したる後、概ね十五年十一月十五日付改定戦時編制の兵力迄編制を縮小し、九月より学生教育並に特定修理等を開始すると共に、情況に依り出師準備作業の一部を中止す」[23]という腹案を起草しているのでありま す。せっかく対米七割五分の戦備を整えても、無為無策のまま、編制を縮小せねばならぬ場合があるのでありました。

第三は、日米戦うとせば、昭和十六年（一九四一年）をおいて好機は永久に来ないということであります。アメリカでは第三次ヴィンソン案に引き続き、スターク海軍作戦部長提案のいわゆる両洋艦隊法案が、昭和十五年（一九四〇年）七月十九日成立し、アメリカは約三〇〇万トンの大海軍建設に邁進中であり、日本も第三次ヴィソン案に対する「⑤計画」（第五次軍備拡充計画）、両洋艦隊法案に対抗する「⑥計画」（第六次軍備拡充計画）の研究立案が進められておりましたが、時日の経過と共に日米海軍軍備の懸隔《けんかく》が飛躍的に増大すべきは明らかでありました。

さきにもふれましたが、昭和十五年（一九四〇年）九月十四日、三国同盟に関する大本営政府連絡懇談会において、近藤軍令部次長は「米国に対しては速戦即決ならば勝利を得る見込みがある。併《しか》し速戦即決でなく、米国が長期戦に出れば非常に困難である。しかしながら一方において、米国はどんどん建艦をやり、日米海軍勢力の格差が今後益々大きくなり、日本は到底追付けない。その意味からいえば、戦争としては今日が一番有利である」(24)と語り、また九月二十六日の日独伊三国条約に関する枢密院審査委員会において、海軍大将有馬良橘顧問官は、「本条約に依り日米戦争を避け度《た》きは本官も政府と同感なるが、日米は宿命的に戦わざるべからざるものならば、今日が最も良き時期と考う」と述べているのであります。

第四は、しかるに、今戦うとしても、海軍には作戦に絶対の自信がないことでありました。戦争初期の作戦には自信があるが、作戦が長期にわたる場合自信がないのであります。しかも自信がないとは一般に対してはもとより、陸軍に対してもなかなか公言できることではありません。近藤軍令部次長は「非常に困難である」といっておりますが、所詮自信がないという意味でありました。永野修身軍令部総長は開戦前に「戦争第一、第二年は確算あり、第三年以降は確算なし」(25)と発言したわけであります。

第六章

昭和十六年の情勢

独ソ開戦に伴う日本の選択

独ソ開戦情報

独政府首脳は昭和十六年（一九四一年）四月上旬訪独の松岡外相に対し、かなり大胆に対ソ一戦の意図を示唆しましたが、外相はこれをブラフと見て、帰途日ソ中立条約の締結に本気で取り組みました。これを知ったリッペントロップ外相は、大島浩大使に対し四月十日「若《も》しソ連が日本を攻撃することあらば、先般『ヒ』総統が貴大使に述べられたる如く、ドイツは直に武力を以て討つべく、此《こ》の点は充分安心ありたし。又さなくともソ連の出方如何に依りては、ドイツは或は今年中にソ連に対し戦争を開始することあるべし」(1)と述べました。これについての詳細な説明と日本のとるべき施策についての進言電報が、四月十六日から十

八日にかけ、さきの野村吉三郎駐米大使の請訓電と雁行して着電したのでありま
す。

松岡外相は訪欧間、独政府首脳との会談内容を含めて、東京宛電報を一切行わず、さきにふれました四月二十二日の連絡会議において初めて、ドイツの対ソ戦問題について、リッペントロップ外相が「ドイツとしてはなんとかしてソ連をやっつけたいと思う、今なら三～四カ月間でやっつけられる、やっつけた結果はソ連は四分五裂すると思う。又日本がシンガポール攻略をやるとしても北方は後顧の憂はない(2)」と語った旨を披露いたしました。しかし近衛首相及び陸海軍は、今や「日米了解案」による対米国交調整そのものに夢中であり、大島大使電にもこの松岡外相説明にも、格別の留意を払おうとしなかったのであります。

参謀本部対独情報課の西郷従吾中佐は、大島大使補佐のためドイツに特派され、五月十二日ベルリンに到着しましたが、その翌日旧知の独陸軍総司令部情報部長から、独ソ開戦の決定的であることを知らされました。五月十五日参謀本部は部長会議を開き、独ソ開戦の可能性を討議いたしましたが、「独ソ遽《にわ》かに開戦せざるべし(3)」という結論でありました。

ドイツ軍大兵力の対ソ国境方面集中は、示威ないし外交の後據《こうきよ》であり、ドイツは再び二正面戦争の愚をおかすことはないであろうという先入主観が、判断を支配していたのであります。

しかし五月二十八日松岡外相が「此の際能《あた》う限りソ連との武力衝突を避けらる る様希望す」という個人メッセージを、リッペントロップ外相に送ると、独政府首脳は六月三日大島大使をベルヒテスガーデンの山荘に招致して、独ソ開戦の不可避を告げました。

リッペントロップ外相は「最近に至り独ソ関係は特に悪化し、戦争となる可能性甚だ増大せり、尤も必ず戦争になるべしとは言えぬ。只前にも申上げたる通り、一度戦端開始せらるれば、二〜三カ月にて作戦を終結し得べき確信を有す。之に関しては自分（「リ」）がポーランド戦開始以来貴大使に申上げたることは、尽《ことごと》くその通りになりし事実に鑑み、自分の言に信を置かれたし」「独ソ間に交渉が行われつつあるとの噂高きも、右は全く事実に反す、独逸は何等の交渉をも行い居らず」などと述べました。そしてヒットラー総統も、「独ソ戦争は恐らく不可避と考えあり」と述べ、極めて短期間に対ソ作戦を終結し得る確信あることを地図にて説明し、「共産ソ連を除くことは自分の年来の信念にして、今日迄之を忘れたることはなく、之を実行することは全世界人類に対する大なる貢献と考え居れり(4)」と強調したのであります。

陸軍の北方問題解決論

大島大使の独ソ開戦情報電が陸軍中央部の事務当局に回付されたのは昭和十六年(一九四一年)六月六日であります。陸軍中央部の事務当局はそれこそ沸きかえったのであります。

独ソ開戦は日独伊ソ四国提携構想の崩壊であります。しかもソ連を決定的に米英陣営に追いやり、日独伊と米英との勢力均衡は、大きく米英側に有利に傾くこととなるのであり、世界全局における日本の戦略的地位の弱化は免れないのであります。

しかし現状のようにソ連との完全提携が得られないならば、そして独ソ戦争の推移が、ドイツ首脳の言明するように短期に終結するならば、ソ連をいつまでも日独の潜在的脅威として残しておくよりは、これを速やかに打倒するにしかずと考えられないわけでもありません。独ソ開戦が日本ないし枢軸陣営にとって有利であるかどうかは、主として独ソ戦争の推移いかんにかかっており、もしドイツ政府首脳の短期終結の言明に信頼が置けるならば、独ソ開戦は日本にとって歓迎すべき事態といえないこともないのであります。

一方東亜の局面においては、独ソ開戦によって北方の脅威が減退することは明らかであり、日本の戦略態勢は根本的に改善されると申しても過言ではありません。日ソ中立条約のごときは、陸軍にとっては単に心理的安全感が得られたに過ぎず、独ソ開戦はまさに実質的な安全感をもたらすに充分でありました。それはドイツが不敗である限り、独ソ戦争の推移いかんに拘らないことでもありました。

本来ソ連のような東西両洋にわたり広大な領土を持つ国に対する戦争は、ソ連をして東西二正面同時作戦を行わしむる場合においてのみ、初めてその可能性が考えられるもので、日本陸軍が防共協定締結以来ドイツとの軍事同盟を追い続けたのには必然性があったのであります。

陸軍中央部の大勢はドイツの比較的早期の勝利ないしは圧倒的優勢を信じてい

ました。それは独政府首脳の言明を必ずしも信頼したわけではなく、中には「ヒットラー誤てり」と強く指摘するもの、「所詮支那事変の如き長期的形態となるであろう(5)」と見るもの、などがありましたが、前駐独陸軍武官であった岡本清福参謀本部情報部長(終戦時スイスにおいて自決し、敗戦の責に殉ぜられた)は、独ソ戦におけるドイツの絶対優勢を強調し、短期終結の見通しを明らかにいたしました。

かくて独ソ開戦は、陸軍における南進論者にとっても、北進論者にとっても、千載一遇の好機到来と見なされました。六月六日の大島電を見た直後の陸軍中央部の事務当局の大勢は、一時武力南進――英領マレー及び蘭印にまで及ぶ南進をいう――に傾きましたが、従来の経緯からして海軍の同意を得られないことは明らかでありました。そこで陸軍の本来主張する北進論、すなわち武力を行使して北方問題を解決し北辺の安定を確保すべしという考えが、勢いを増したのでありました。

日本は日満議定書(昭和七年〈一九三二年〉締結)により満洲国を防衛する義務を負っておりましたが、そのために満洲国に一二個師団、朝鮮に二個師団、計一四個師団基幹を配備しておりました。これに対しソ連はバイカル湖以東の極東ソ領に、地上約三〇個師団、飛行機二八〇〇機、戦車二七〇〇輛、すなわち日本の二ないし三倍の絶対優勢兵力を配備し、なかんずく沿海州に位置するその遠距離爆撃機は、有事に際し東京を空襲する態勢にあったのであります。それは一九六二年のキューバ危機においてキューバに配備されたミサイルに匹敵するものでありました。

北方問題解決とは、おおむね大興安嶺と黒龍鉄道とがクロスする地点以東の、極東ソ領、北樺太及びカムチャッカ半島の、非武装化ないし独立または一部の領有による、北方における国防安全感の確保にあったのであります。

なお共産主義は日本の天皇制国家の本質と相容れず、いつかは共産ソ連は打倒されなければならないと信ずるものが、当時の日本人、なかんずく陸軍軍人の中には多かったのであります。

しかし陸軍は現に陸軍兵力の主力（四九個師団のうち二七個師団）を以て、支那事変を遂行中であり、中途にして支那事変の処理をあきらめ、対支戦面の縮小を図ることは許されません。すなわち対支戦面の大なる縮小を行うことなく北方武力解決を行うに、用兵の規模に一定の限度があることを甘受しなければなりませんでした。その限度は研究途中でしたが、一応二〇個師団ないし二五個師団以下と考えられておりました。この限られた用兵規模を以て北方武力解決を行うには、独ソ戦争の推移に応じて、有利な時機を適切に選定する必要があったのであります。

すなわち今すぐに北方武力解決の決意を行うことはできず、差し当たりは必要な準備の一斑を行うに止めなければならなかったのでありました。そしていよいよ戦機が到来して北方武力解決の廟議が確定したならば、さらに所要の準備を拡充して発動に移るのでありますが、北方武力解決の廟議確定までの情勢の推移により、南方において好機便乗――独ソ開戦に伴い陸軍に限りこの考えが再び台頭――または受動防衛的南方武力行使の必要に直面したならば、既に行った北方武力解決のための準備は、対北方防衛措置に変身するわけであります。事実はまさにその通りになったのであります。

かくて独ソ開戦に伴う陸軍の国策案は、支那事変に邁進しながら、北進と南進――大勢特に参謀本部は北進案を支持――の両案を予定したのでありますが、両案同時の南北二面戦争は絶対回避しなければならず、そこで差し当たりは北進または南進の準備を整え、情勢の推移をみるいわゆる「準備陣」構想を採用したのであります。

南方に対する準備とは、次に述べる南部仏印進駐であり、北方に対する準備とは、主として在満鮮部隊の動員でありました。

六月十四日陸軍中央部が採択した「情勢の推移に伴う国防国策大綱(6)」の北方に対する政策案文は次の通りでありました。

(1)独ソ開戦せば三国枢軸の精神を基調とし、情勢の推移に応じ対ソ戦備を整う。

(2)独ソ戦争の推移帝国の為極めて有利に進展せば、武力を行使して北方問題を解決す。

南部仏印進駐の廟議決定

独ソ開戦に伴う日本の選択がまだ行われぬうちに、それと切り離して早くも六月二十五日南部仏印進駐の廟議決定が行われました。それが太平洋の破局をもたらすとは、極めて一部の人の外は洞察し得なかったのであります。

昭和十五年（一九四〇年）秋から昭和十六年（一九四一年）春にかけて、米国の屑鉄の対日禁輸、日独伊三国同盟に対する米英の反発、南方における米英豪蘭の軍事的提携の濃化等に鑑み、日米戦争必至の空気が逐次醸成され、なかんずく米英の全面禁輸にあえば、蘭印に武力進出しなければならぬという切迫感が逐次加重して来たのであります。

しこうして南方作戦または対米英蘭作戦の主なる攻略目標は、もとより英領マレー及び蘭印ないしフィリッピンでありますが、その作戦遂行のためには、タイ国を我が陣営に引き入れることと、南部仏印に軍事基地——航空、海軍及び兵站《へいたん》基地——を推進することが作戦遂行上不可欠でありました。

一方国民の主食である米を始めとし、ゴム、錫、亜鉛等物資需給の逼迫《ひっぱく》もあって、少なくも仏印及びタイを我が自給経済圏内に包容することが必要であり、かつ可能性の限度もそれであるという意見が強まって来ました。すなわちまず仏印及びタイとの政治的、軍事的及び経済的緊密関係を設定することこそが、南方問題解決ないし南進政策当面の急務とされるに至りました。

しかしその後、この仏印及びタイとの間に軍事的結合関係を設定しようとする企図は、主として松岡外相の気乗り薄によって先方に切り出す機会さえ失われ、同外相訪欧後の懸案事項として持ち越しの形となっておりました。この間さきに述べましたように陸海軍は昭和十六年（一九四一年）四月「対南方施策要綱」を採択し、好機南方武力行使企図を放棄しましたが、受動防衛的南方武力行使のために、「仏印、泰《タイ》との間に軍事的結合関係を設定する」ことを、速急に実現すべきであると規定したのであります。

訪欧帰国後の松岡外相の真意は今日なお不可解でありますが、しきりにシンガポール攻略を主張する場合があり、そのためにこそタイ及び南部仏印に軍事基地が不可欠であるという陸海軍の説明に対し、同外相も今度はやや同調的な態度を示しつつありました。かくて仏印及びタイとの間に軍事的結合関係を設定しようとする考えは、昭和十六年（一九四一年）四～五月の頃、政府陸海軍共通の課題になっていたのであります。

たまたま六月五日海軍中央部は、対米七割五分の戦備の完整をふまえて、海軍中央部の思想を統一するための文書として、「現情勢下に於て帝国海軍の執るべき態度」(7)なるものを採択いたしました。

それは長文なものでありますが、その結論は従来のような戦争絶対回避の方針を一擲《いってき》して、対米一戦をも辞せざる決意を明確化しようという一事にあります。

この文書には海軍中央部首脳の捺印がありますが、それは単に閲覧したという印に過ぎないかも知れません。いずれにしてもこの文書採択以来、海軍の南方に対する態度はとみに積極的となりました。たまたま同時に独ソ開戦情報電が入電したのでありますが、海軍にとっては独ソ開戦はさしたる関心事ではなく、海軍中央部の上下をあげて凝視しているのは、米国海軍であり、対米戦争の一事でありました。主としてこの文書による思想統一により、海軍の南方に対する積極化がもたらされたものと思います。もとよりその背後には、さきに申し上げました日本海軍の苦悩が錯綜しているわけであります。

従って海軍の南進積極化もタイ、仏印止まりでありまして、それ以遠の地域に対する南進は従来通り極めて慎重、否、平和的に行うのが本旨でありました。タイ、仏印は対米「不敗の地位確立」のための天王山であり、タイ、仏印の南縁はわが防衛圏の対米英接点でありました。しかし一方、石油の対日全面禁輸が行われた場合はもとより、セレベスのニッケル鉱石、タイ、仏印、蘭印の生ゴム及び錫の対日供給が絶たれた場合にも、自存自衛上武力を発動しなければならぬことを、この文書はことさらに明記し、戦争を辞せざる決意を一応表明しているのであります。

かくて六月十日――六月六日であるかも知れません。六日であっても、陸海軍中央部は大島大使電に先立つ六月六日朝着電の駐独武官電により、独ソ開戦情報を知っていた――陸海軍事務当局間においてにわかに、従来の軍事基地推進の外に、所要兵力の進駐を含むところの日仏印軍事的結合関係を速やかに設定すべしとする議が起こり、同日中に早くも次のような「南方施策促進に関する件(8)」の合意を見ました。

(1)現下諸般の情勢に鑑み、既定方針に準拠して対仏印泰施策を促進す。特に蘭印派遣代表の帰朝に関連し、速かに仏印に対し東亜の安定防衛を目的とする日仏印間軍事的結合関係（既定のものの外、南部仏印に所要兵力を進駐せしむることを含む）を設定す。

⑵前号の為所要の外交交渉を行い、且速かに進駐準備に着手す。進駐準備完了し尚仏印にして我要求に応ぜざる場合には進駐を開始す。此際仏印にして抵抗せば武力を行使す。

⑶本施策遂行に方《あた》り英米蘭等の妨害に依り之が打開の方策なく、帝国として自存自衛上忍び得ざるに至りたる場合には英米に対し武力を行使す。

これは文面上は英米に対する武力行使、すなわち対英米戦争をも決意したかのごとき画期的国策案でありました。しかし間もなくこの事務当局案の末項の「英米に対し武力を行使す」は、海軍側首脳の意見により「対英米戦争を賭するも辞せず」と修文されました。元来この対英米武力行使という文句は、松岡外相がタイ及び南部仏印に軍事的進出を行った場合「対英米戦になっても構わぬか」と、よく陸海軍の決意をただすので、それを説得するための方便として挿入したのであり、陸海軍、なかんずく海軍首脳に対英米戦争の意志のないのは明らかでありました。当時の参謀本部事務当局の日誌に、「元来外相が大ブロシキを拡げたる場合の提案なり、陸海本当の決意にあらず、外相説得の一手段なり」(9)と記されております。陸軍中央部の事務当局に関する限りそれが実情でありました。しかるに事実は松岡外相の予言の通り、南部仏印進駐が戦争への決定的契機となったのであります。

この南部仏印進駐政策が急遽《きゅうきょ》取りあげられた理由として、海軍にあってはさきに述べた思想統一文書の採択があり、陸軍にあっては独ソ開戦という千載一遇の新事態を迎えて、好機便乗的南進論さえもが再台頭したことが、影響しておりますが、同時に前年秋以来行われている日蘭印会談が決裂状態に達したことが、大なる契機となっていることを否定できません。

日蘭印会談は日本側は当初商工大臣小林一三、次いで元外務大臣芳沢謙吉を特使として派遣し、主としてまず重要物資の取得を重点として、交渉にあたらせたのでありますが、石油、生ゴム、錫及び錫鉱の対日供給量は、結局我方の要求を著しく下廻り――石油は三八〇万トンに対し一八〇万トン――六月十一日の大本営政府連絡懇談会は、交渉決裂の形はとらずに、芳沢代表を引き揚げることを決定したのであります。

その六月十一日及び十二日、二回の大本営政府連絡懇談会において「南方施策促進に関する件」が付議されました。杉山参謀総長には永野軍令部総長の発言が、従来に比し積極強硬であるに反し、及川海相が依然沈黙を守っていることが不安でありました。[10]松岡外相は真向から兵力進駐を仏側に切り出すことに難色を示し、大分抵抗しましたが、結局「進駐は其準備相当の日時を要することを以て、二段に区分し交渉するも支障なし」という諒解事項をつけて同意し、本文にサインをいたしました。

この「南方施策促進に関する件」は、その内容の重大性に鑑み、御前会議の決定を取り運ぶ必要がありましたが、「上奏裁可」に止めることにいたしました。六月十三日その上奏裁可の準備を進めるにあたって松岡外相と陸海軍との間の意見の不一致——陸海軍は要すれば武力進駐を辞せずとするに対し、松岡外相は平和進駐の建前を貫こうとする——が露呈いたしました。所詮松岡外相はサインした「南方施策促進に関する件」に、本当は不同意であったと考えられます。

六月十六日の大本営政府連絡懇談会においても調整がつかず、約二週間後の六月二十五日に至りようやく最後的合意が成立し、六月二十五日上奏裁可の運びとなりました。そこでは英米に対する武力行使などという文句は当然消えております。

ここで申し上げねばならないことは、日本の政府及び大本営、なかんずく大本営が、南部仏印進駐に伴う米国の対日資産凍結を、予期していたかどうかの問題であります。結論を申し上げますれば、悲しいことにはほとんど予期していなかったのであります。対日資産凍結後といえども、八月一日までは石油に限り対日輸出の割当があるかも知れぬとさえ甘い判断をした向きもあったのであります。なぜかと申しますと、米国の対日全面禁輸はすなわち日米開戦を意味するからであり、それを承知のはずのルーズベルト大統領があえて進んでそのような措置を、このときとるとは判断し得なかったのであります。日本は南部仏印止まりでありまして、引き続き進んで英領マレーまたは蘭印に進出する計画は、当時全くなかったのであります。

但し海軍中央部事務当局の中のごく一部には米国の全面禁輸を予期し、それが契機となって日米戦争となるであろうと覚悟していたものもいたことが、戦後判明いたしたのであります。

海軍の南進論――陸軍の北進論

独ソ開戦に伴い、陸軍が南北二正面「準備陣」構想をとるのに対し、海軍の政策いかんといえば、それは南部仏印進駐の一事につきるのであります。しかしその南部仏印進駐は、特に海軍にあっては独ソ開戦するがゆえに進める政策ではなく、独ソ開戦せずとも本来進めらるべき政策でありました。

そして海軍にあっては、南部仏印進駐は南進の準備ではなくして、南進の終局でありました。すなわち南部仏印以遠の地域に対する武力南進を、自存自衛上やむを得ない場合においてのみ行うという「対南方施策要綱」の精神は、独ソ開戦するも微動だにしないのでありました。

しかし海軍の真意はそうであるとしても、国策案文上では陸軍の北進論に対応して、「南方進出の歩を進める」という南進の旗幟《きし》を高くかかげる必要がありました。そしてそのための対英米戦準備の完整を強調し、かつ南方進出の態勢を強化するためにこそまず南部仏印に進駐するものであることを明らかにしなければならず、勢い全く本意ではないが、対英米戦を辞せざる決意をも表明せざるを得なかったと考えられます。

そして海軍には北方問題解決の意欲はほとんどありませんでした。陸軍に対しては「機が熟せばやる」と申しておりましたが、当時の海軍省軍務局長岡敬純《おかたかずみ》中将の戦後回想によれば、「毫《ごう》も北方解決の考えはなかった。我々はシベリアには興味なかった」というのであります。それは誇張した表現ではありますが、当時の海軍としては北方問題どころではなく、南方における対英米戦争こそ最大関心事であったのであります。

従って海軍の立場としては、陸軍の北進により、陸軍の態勢はもとより国家全般の態勢が北方に向いてしまい、南方に対する各般の準備がおろそかになることをおそれたのであります。すなわち陸軍の北進を抑制ないし牽制することが、今や海軍として重要な政策の一つでもあったのです。

御前会議決定

六月二十五日から二十八日にわたる四日間、連日大本営政府連絡懇談会が開かれ、「帝国国策要綱」の陸海軍案を基礎に討議が進められました。主として松岡外相の陸海軍案に対する反論及び修正意見が討議の中心でありました。

三国同盟破棄の意見は誰からも出ませんでした。近衛首相にその考えが一時あったといわれますが、大本営政府連絡懇談会または閣議等の席上において、この問題がとりあげられたことは全くありません。日独伊枢軸の精神を基調として進むという合意は、論議をまたずに得られたのであります。

問題は松岡外相の即時対ソ参戦論であります。松岡外相の一般構想は今や、「独ソ戦に直に参戦の決意をなし、先ず北をやり、次で南をやり、この間支那事変を処理する」(11)にありました。

これには他のほとんど全員が反対でありました。元来支那事変遂行中の陸軍には、即時対ソ参戦して北進を行う実力はありません。さきに述べましたように、北進を行う用兵規模には、一応二〇個師団ないし二五個師団以下という制約があり、その程度の用兵規模を以て北進を行うには、極東ソ軍の兵力が少なくも半減しなければ成算がない、という戦略見積が立てられておりました。

結局松岡外相の意見により、陸海軍案に外交面の着想が増補されました。

その後、二十八日いったん合意した国策案に対し、六月三十日の大本営政府連絡懇談会において、再び松岡外相から突如南部仏印進駐の延期が提議されました。六月二十九日付大島大使電は、リッペントロップ外相が「二十七日大本営に到着し、ヒットラー総統と会見せしが、対ソ作戦は予期以上有利に進展し、殆《ほとん》ど制空権を獲得し、既にソ軍の一部には崩壊の兆さえ現われ在りて、極めて短期に作戦を終結すること確実なり、従って時期を失する惧《おそれ》あるを以て日本の対ソ参戦は遠からざることを希望す⑫」と電話で申し越して来たことを報じているのでありま す。

これには直ちに及川海相が同意を表しました。松岡外相の考えは北へ出るための南部仏印進駐の延期（約六カ月）でありますが、及川海相の考えは南方に火がつくのをおそれての同意でありました。陸海軍両統帥部長は断乎進駐を行う旨を述べ近衛首相は統帥部がやられるならばやると発言し、結局原案通り決定されたわけであります。

このときの松岡外相の発言は、「我輩は数年先の予言をして的中せぬことはない。南に手をつければ大事になると我輩は予言する。それを統帥部長はないと保証できるか、南部仏印に進駐すれば石油、ゴム、錫、米等皆入手困難となる。英雄は頭を転向する。我輩は先般南進論を述べたるも、今度は北方に転向する次第なり(13)」というのであります。

その松岡外相も、日本が北進した場合、米国が対日全面禁輸を行わぬという保証を持っているわけではありませんでした。もし日本が北方に武力を行使した場合、アメリカが対日全面禁輸を行えば、日本は南北二正面戦争の苦況に追い込まれるわけであり、陸軍中央部の北方問題解決論議も、特定の人を除きこの問題に対する配慮が迂闊でありました。

「帝国国策要綱」は七月二日の御前会議において採択されました。

戦後の東京裁判において、検事側はこの国策案文の「対英米戦を辞せず」の字句をとらえて、日本が、このときを以て対米英戦争の決意をしたかのように見なしましたが、それは事実誤認であります。

御前会議で注目されるのは、原嘉道枢密院議長が、対ソ主戦論を強調したことであります。米英に対しては御前会議の都度慎重論を強調する原枢密院議長が、このときは「独ソ開戦が日本の為真に千載一遇の好機なるべきは皆様も異論なかるべし。ソ連は共産主義を世界に振りまきつつある故、何時《いつ》かは打たねばならぬ。現在支那事変遂行中なる故ソ連を打つのも思う様に行かぬと思うけれども、機を見てソ連は打つべきものなりと思う。帝国としては英米との開戦は望まない。国民はソ連を打つことを熱望している。此の際ソ連を打ってもらいたい」「日ソ中立条約の為日本がソ連を打たば背信なりと云うものもあるべきも、ソ連は背信行為の常習者なり、日本がソ連を打ちて不信呼ばわりするものはなし。私はソ連を打つの好機到来を念願して已まざるものなり。米国との戦争は避けたい。ソ連を打つも米国は出ないと思う」[14]などと述べたのであります。

この原枢密院議長及び松岡外相の主戦論に刺激されてか、東条陸相は七月上旬、陸軍省事務当局の消極意見をおさえて参謀本部の要求に同調し、かなり大規模な動員を発令いたしました。それは在満鮮一四個師団基幹の動員と満洲に派遣される内地二個師団等の動員であります。その結果満ソ国境方面及び朝鮮においては、対ソ防衛及び北方武力解決の場合の第一段準備として兵力は一四個師団基幹、人員は約三五万から約八〇万に増加するわけであります。これを関東軍においては企図秘匿のため、関東軍特種演習、略して「関特演」と申したのであります。

日米交渉の経過

「日米了解案」作成経緯

ルーズベルト大統領の海軍次官時代に駐米海軍武官であったということで、駐米大使に就任した野村吉三郎海軍大将は、昭和十六年（一九四一年）二月十四日大統領に信任状を捧呈し、四月十四日を第一回として、開戦まで続いたハル国務長官との非公式会談に入りました。「日米了解案」による両国国交の調整がその議題でありました。その後の交渉の過程を経て、「ハル・ノート」なる明確な文書を突きつけられたので、日本は否応なしに開戦に踏み切ることになったのであり、もしそれがなければ日本は開戦の決断がつかなかったであろうというのが、当時の関係者のいつわらざる戦後の感想であります。つまり見方によれば日米交渉がかえって戦争を促進したというわけであります。

その日米交渉の俎上《そじょう》に上った「日米了解案」は、日米いずれの政府からも提案したものではなく、日米私人間、すなわち日本側は岩畔豪雄《いわくろひでお》陸軍大佐と井川忠雄、アメリカ側はドラウト、ウォルシュ両神父でありました。以下その経緯を概説いたします。(15) 問題は実にそこに伏在しているのであります。

昭和十五年（一九四〇年）十一月カトリック海外伝道協会の会長ジェームス・エドワード・ウォルシュ司教と事務総長ジェームス・エム・ドラウト神父が来日し、日米国交調整の可能性に関し、日本の朝野を打診いたしました。

松岡外相は両神父の訪問を受けましたが、あまり相手にしなかったようであり、結局産業組合中央金庫理事井川忠雄氏が、クーン・レープ商会のリエーヴィス・ストローズ氏の紹介状を持った両神父と会い、爾後井川氏が日本側の同志として両神父の活動に全面的に協力することになりました。同氏はかつて大蔵省派遣の財務官として米国駐在時代、ストローズ一家とは親交があったのであります。

井川氏は逐一状況を近衛首相に手紙で報告し、両神父は井川氏を通じ松岡外相ではなく、近衛首相に直接接触したことになったわけであります。二重、三重外交の芽生えであります。

両神父は井川氏と面識のある陸軍省軍事課長岩畔大佐の斡旋により、軍務局長武藤章《あきら》中将と会談し、陸軍の意向を打診した後、十二月二十八日帰国の途につきました。近衛首相との会談は準備されたようですが、実現いたしませんでした。

昭和十六年（一九四一年）一月十三日帰国した両神父は、一月二十三日ルーズベルト大統領とハル国務長官に対し、両神父が日本を代弁した形の「日本の提案」なるものを、二時間半にわたり説明いたしました。その「日本の提案」なるものの原案は、来日中の両神父から井川氏を経て、十二月十四日近衛首相にも送られているのであり、内容は日本の現実と遊離した面が多く、その後大きく修正されましたが、形式的には「日米了解案」の前身ともいうべきものであります。

両神父と大統領及び国務長官との会談を斡旋したのがウォーカー郵務長官であり、そのウォーカー氏こそ両神父の背後にあって、この工作を推進した中心人物でありました。

大統領はウォーカー郵務長官を通ずる工作路線を一応受け入れながらも、それに対処する措置は国務長官に一任し、国務長官は成功の見込みは極めて少ないと判断しながら――コーデル・ハル氏の回想録（以下「ハル回想録」と呼ぶ）によれば「二〇分の一、又は五〇分の一、或は一〇〇分の一もないものと正しく判断した」とある――この工作路線を無下にしりぞけようとはしなかったようであります。

井川氏は両神父より「大統領往訪の結果有望進捗中、展開が期待せられる」との電報を受け、外務省の妨害を排し二月十三日出発渡米し、あたかも日本政府の私的代表のような態度で両神父と接触すると共に、野村大使着任後最初の野村・ハル秘密非公式会談（三月八日実施）の御膳立をしたりして野村大使の信任を得ました。

たまたま、野村大使から米国赴任にあたり陸軍に対し、支那事変に精通した中堅スタッフの補佐を得たいという申し出があり、選ばれたのが陸軍きっての人材と目される軍事課長岩畔大佐でありました。岩畔大佐は陸軍省軍務局付となり米国出張を命ぜられ、三月六日出発いたしました。岩畔大佐が陸軍部内の誰にも洩らさず心中深く決心したことは、両神父の工作路線による日米国交の調整を推進することでありました[16]。

岩畔大佐は三月二十日サンフランシスコに到着し、出迎えた井川氏から第二次案たる「日米原則協定案」を受領し――井川氏は同協定案に手紙をそえて、岩畔大佐乗船の龍田丸船長に托して近衛首相に送る――四月一日ワシントンの日本大使館に着任したのであります。

かくて四月二日から十二～三日頃までの間に第三次案たる「日米了解案」が作成されました。岩畔大佐は第二次案の「日米原則協定案」では、日本政府及び陸海軍が最初から拒絶反応を起こすであろうと判断し、かなりの大修正を主張したのであります。立役者は日本側はもとより岩畔大佐、米側はドラウト神父でありました。「日米原則協定案」は米側のペースでつくられ、「日米了解案」は日本側のペースでつくられました。今では分かっておりますが、米国務省極東部起草の四月十日付「国務長官のための覚書」には、「日米了解案」が、「日米原則協定案」に比し、「米国の主義方針から見て数多くの点においてより希望がなくなった」と記されております。

日本側は草案作成の段階では、岩畔、井川両氏だけが関与し、後半では野村大使を始め大使館事務当局もその検討に加わり、米側は両神父だけで終始いたしましたが、その背後にウォーカー郵務長官が控えていたことは確実でありました。

そして日本側は「日米了解案」作成の経緯はウォーカー氏を通して、ハル国務長官及びルーズベルト大統領に逐一報告され、両神父の合意した、「日米了解案」は、すなわち米国政府首脳がおおむね合意したものであり、実質的には米国政府の提案であると理解——錯覚というべきか——したのであります。

現に四月四日ウォーカー郵務長官が、国務長官宛折衝経過を報告した覚書を始めとする多くの本件関係の覚書が、国務省公表文書の中に残っておりますし、また井川氏は「ルーズベルト大統領はこの日米交渉を親裁事項として、この下交渉には側近の有力者で、さきに商務長官だったハリー・ホプキンズ氏を当らせたい意向だったが、同氏が多忙のため、最近の極東事情に精通し、これに最初から挺身この交渉に奔命しているドラウト神父を起用した」と信じこんでいたのでありました。

「日米了解案」の問題点

「日米了解案」とは日米両国政府を「道義的に拘束し、其の行為を規律すべき適当な手段として」作成合意せらるべき秘密覚書を指すのであります。そしてその合意が成立したならば、別に定める所により、成るべく速やかにホノルルにおいて日米巨頭会談を行い、太平洋における平和の到来を内外に誇示しようという狙いでありました。

「日米了解案」は、七項目から成っております。特に重要なのは第二項と第三項です。その二つは、

(2)欧州戦争に対する両国政府の態度

(3)支那事変に対する両国政府の関係

になります。本来この国交調整は、日本が第二項により、三国同盟を実質的に骨抜きにする代わりに、アメリカは第三項により、あらかじめ日米間合意を経た和平条件を以て、大統領が蔣介石政権に対し和平を勧告するという枠組みであります。

従って日本では第三項をもっぱら三国同盟問題といいかえております。すなわちアメリカは欧州戦争に対し、「一方の国を援助して他方を攻撃せんとするが如き攻撃的同盟に依り支配せられざるべき」も、「現在及将来に亘《わた》り専ら自国の福祉と安全とを防衛するの考慮に依り」ては参戦するかも知れないとするに対し、日本は「現在の条約上の義務を免れんとするが如き意志を有せざるも」、その軍事上の義務は、ドイツが「現に欧州戦争に参入し居らざる国に依り、積極的に攻撃せられたる場合に於てのみ発動する」と、第三項は規定しているのであります。

三国条約第三条の規定には、「積極的に」とか、「於てのみ」とかいう字句はありませず、あえてこの字句を挿入することにより、三国条約の弱化ないし骨抜きを示唆表明したわけであり、ウォーカー郵務長官はハル国務長官宛四月四日付覚書により、「たとえ我が政府がドイツに対し保護的防衛措置を決定しても、米国に対して軍事行動をとらない」旨岩畔大佐が非公式の同意を与えたと報告しているのであります。

第三項の「米国大統領が容認し、且つ日本国政府が之を保障したるときは、米国大統領は之に依り蔣介石政権に対し和平の勧告を為す」というその和平条件とは次の通りであります。

(A)支那の独立
(B)日支間に成立すべき協定に基づく日本国軍隊の支那領土撤退
(C)支那領土の非併合
(D)非賠償
(E)門戸開放方針の復活、但し之が解釈及適用に関しては、将来適当の時期に日米両国間に於て協議せらるべきものとす
(F)蔣政権と汪政府との合流
(G)支那領土への日本の大量的又は集団的移民の自制
(H)満洲国の承認

米国大統領の勧告を蔣介石政権が拒否した場合には、アメリカは対支援助を打ち切る旨が、四月九日案には記されておりましたが、米側――国務省当局の意見

に基づくと認められる――の意見で他の一カ所と共に削除されました。

(B)項は一見日本軍撤退のことだけしか述べておりませんが、「成立すべき協定」の中に駐兵が規定されることがあり得るのでありまして、この駐兵問題と(E)項の門戸開放方針、すなわち通商無差別問題が、第三項の問題点であり、(H)項の満洲国承認問題は、日米交渉では意外にも問題化しなかったのであります。

電撃的妥結成らず

四月十七日から十八日にかけて、野村大使から請訓電がなんらの前ぶれもなく続々来電いたしました。請訓電は「日米了解案」の全文を報じ、「両国了解案と仮称す。本了解案に付ては予《かね》てより内面工作を行い、米国政府側の賛意をサウンドし居りたる処、ハル長官に於ても大半之に異議なき旨確《たしか》め得たるに依り、本使に於ても内密に干与し、種々折衝せしめたる結果本案を約したるものなり」と述べ、「国務長官より之に依り交渉を進めて宜しく政府の訓令を得られたき旨申出あり、長官は貴使との話が進みたる後東京より否認さるることあらば、米政府の立場は困難となるを以て斯《か》くしたしと申せり。（以下中略）何卒此の筋にて交渉を進めて宜しき御回訓に接したく切望の至りなり[19]」と請訓してきたのでありま す。

野村大使電に併行して「日米了解案」作成の経緯をやや具体的に説明した駐米陸海軍武官電も来電しましたが、磯田陸軍武官電は、四月十四日及び十六日（米国時間、以下米国における史実の場合は米国時間とする）「日米了解案」に関し野村・ハル非公式予備会談が行われたこと、外務電所報の「日米了解案」はルーズベルト大統領の同意を得ていることなどを述べ、従って「情勢大なる変化なき限り、日本側の意志表示あり次第、其大綱は一、二日中に決定すること確実なり[20]」とさえ記しているのでありました。

近衛首相及び大橋忠一外務次官以下の外務当局は、もとより「日米了解案」を心から歓迎いたしました。陸軍中央部も上下をあげてまさに「日米了解案」に飛びつきました。一様にこれによって支那事変が解決されることに、大なる魅力を感じたのであり、塚田攻《おさむ》参謀次長のごときは少し位枢軸同盟にひびが入ってもやむを得ないという心境でありましたが、「枢軸分裂の米国の謀略ではあるまいか」「そうはうまく問屋がおろすまい」という疑惑も一部にはありました。

海軍中央部首脳も同様でありましたが、事務当局は意外にも一様に警戒慎重論を抱きました。それは日米戦争必至を考えるものにあっては、これがアメリカの政治謀略であり、本来成立するものではないと感じられること、従来の日米関係をよく知っているものにとっては、「日米了解案」の内容には理解し難い点が少なくないこと、またかつて陸軍省軍事課長として武力南進の急先鋒であった岩畔陸軍大佐が、この交渉の黒幕ではないかという不信感があること、などがその理由でありました。しかしこの事務当局の動きはあまり問題とはなりませんでした。

しかしいずれにしましても、ここに二、三奇妙な問題が指摘されます。

第一は、日本政府及び陸海軍が一様に野村大使の請訓案を米側の提案と受け取ったことであります。戦後公表された近衛公の「日米交渉に関する手記」――牛場友彦《ともひこ》氏（近衛公秘書）が執筆を補佐したといわれる――でもなお米側の提案と記しております。

第二は、日本政府及び陸海軍は、当面の野村・ハル会談が、「後日の交渉の為に如何なる行為が途を拓き得るか」を探求するための「全くの予備的かつ非公式討議」に過ぎないという認識が薄かったことであります。

第三は、「ハル回想録」のこの部分に関する限り、修飾と弁明と事実相違とがないとして、四月十六日の野村・ハル会談において、ハル国務長官がこの会談は日本政府がいわゆる「ハル四原則」を承認することが前提である旨言明したという点も、東京にはなんら伝えられないまま交渉が始まっていることであります。それにはハル氏の難解な米語が一部起因しているかも知れません。

かくて岩畔大佐または大使館当局が、東京の政府及び陸海軍をして飛びつくようにしむけたきらいなしとしませんが、岩畔大佐、井川忠雄、両神父、ウォーカー郵務長官らの介在により、日米交渉にはその当初から両国政府間に大きなギャップが存在し、松岡外相をまつまでもなく、交渉は開始されると同時に挫折する運命にありました。

四月十八日大本営政府連絡懇談会は、松岡外相の帰朝を待って態度を決することとし、同外相帰朝促進の手を打ちました。井川氏、両神父ら——岩畔大佐も含むかも知れず——には、松岡外相の留守中に事をきめてしまう狙いもあったようでありますが、近衛首相はそのような決定を下しませんでした。

四月二十二日松岡外相は帰国いたしました。前夜大連の宿舎において、近衛首相からの直接の電話で、アメリカから重大提案のあった旨を知らされ、わがこと成れり、いよいよ本番であると勇躍して帰って見ると、野村請訓案は自分の進めて来た対米外交戦略の全くのわく外のものでありました。疑惑と憤懣を禁じ得なかったわけであります。当時の秘書官加瀬俊一氏によれば「三国条約の鬼面を以て米国を牽制するの他、事態救済の方法なしと確信し居りたる松岡外相としては、外相の訓令に基かず、而《しこう》して外相と何等事前の連絡なく開始せられたる野村工作に対して、警戒の念を抱きたるは是非なき次第なりき(21)」というのであります。

四月二十二日夜の大本営政府連絡懇談会は、帰国行事を終わって出席した松岡外相を待ち受けて、近衛首相以下一同野村大使宛せめて「原則的同意」の回答でも発すべく意気込んだようでありますが、松岡外相は「二週間か、一カ月か、二カ月位慎重に考えなければならぬ(22)」といって一人で先に退席してしまいました。事実同外相は爾後私邸に引き籠《こも》り、その私邸執務は五月中旬まで続きました。事実同外相は持病(肺結核)をわずらい、静養を必要とする体でもありました。

その後ドイツ政府に内報すべきや否やの問題もあり、結局日本政府の回答、すなわち日本側の第一次提案が行われたのは五月十二日でありました。十四日に行われるルーズベルト大統領の炉辺《ろへん》談話に間に合うようにとの配慮もありました。

日本側第一次案の問題の第二項すなわち三国同盟問題は、「日独伊三国条約に基く軍事的援助義務は、同条約第三条に規定せらる場合に於て発動せらるるものなること勿論なる事を闡明《せんめい》す」とつっぱね、「独逸《ドイツ》が積極的に攻撃せられたる場合に於てのみ発動」と、含みを持たせた岩畔大佐の苦心は一蹴されたのであります。

また問題の第三項は、あらかじめ日米間で意見の一致を図るべきものとしての和平条件の列記を廃し、単に「米国大統領は近衛声明に示されたる三原則及右に基き南京政府と締結せられたる条約及日満支共同宣言に明示せられたる原則を諒承《りようしよう》し、且日本政府の善隣友好の政策に信頼し、直に蔣政権に対し和平の勧告をなすべし」と修正されました。極めて高飛車な態度であり、もっぱら松岡外相の意見による修正でありました。

米国政府は五月三十一日中間提案を行いましたが――野村大使は到底本国政府

宛取り次ぎ得ないとして握りつぶし折衝を続けた――正式の第一次提案がなされたのは、六月二十一日午後零時三十分でありました。その九時間後ドイツ大使シューレンブルグは、モスクワにおいてソ連政府に対し戦争通告を行ったのでありました。米国政府は大島駐独大使発日本国政府宛数次の報告電報の解読からしても、四月中旬あたかもこの日米交渉開始の頃から、独ソ開戦の可能性に重大関心を寄せていたはずであります。

松岡外相の退陣

ここで簡単に松岡外相の退陣にふれる必要があるでしょう。

松岡外相は天皇が必ずしも賛成でなかった御意向に拘らず、近衛首相が起用したものであり、当初近衛首相と松岡外相との間は極めて緊密でありましたが、性格的には早晩疎隔を生ずる間柄にありました。そして松岡外相訪欧帰国後の対米国交調整をめぐる意見の対立――二重外交に関する感情的憤懣もある――によって、両者の疎隔は表面化したようであります。

たまたま、さきにふれました「日米了解案」に関する米側六月二十一日付第一次提案には、ハル国務長官のオーラル・ステートメントがそえられておりました。そのステートメントの中に、「不幸にして政府の有力なる地位に在る日本の指導者中には、国家社会主義の独逸《ドイツ》及其の征服政策の支持を要望する要路に対し、抜き差しならざる誓約を与え居るものがおる」と指摘し、「斯《かか》る指導者が公の地位に居る」限り、「現在考究中の如き提案の採択が希望せらるる方向に沿い、実質的結果を収むるための基礎を提供すべしと期待するは、幻滅を感ぜしむることとなるに非ずや(23)」という趣旨を述べた部分があったのであります。もとより松岡外相は激怒いたしました。

大本営政府連絡懇談会において、対米交渉はなお続行できるであろうかどうかの深刻な討議を経て、米側第一次提案に対する日本側第二次提案が、七月十四日採択されました。そこで松岡外相が、まずハル国務長官のオーラル・ステートメント拒否の申し入れを行った後、数日の間をおいて日本側第二次案を提示すべきと主張するに対し、近衛首相及び陸海軍は、それでは「先方の悪感情のみを激成して交渉を決裂に導く虞《おそれ》がある(24)」として同時申し入れを主張したのであります。

その調整のつかぬうちに、松岡外相は十四日夜断乎拒否訓電だけを発電してしまいました。それを知った近衛首相の覚には、「事態益々急迫の感あり」(25)と記されております。

七月十六日第二次近衛内閣は総辞職し、十八日第三次近衛内閣が成立いたしました。新外相は海軍大将前商工大臣豊田貞次郎《とよだていじろう》であり、それは鋭意対米国交調整を促進するという日本の熱意の表明でありましたが、残念ながら野村大使にも、米国務省にも、充分汲みとれなかった様であります。すなわち日本側第二次提案は七月十五日大橋外務次官により訓電されましたが、野村大使はその内容に対する不満もあって、政変を理由として握りつぶしてしまったのでありました。

近衛首相の日米巨頭会談提唱

前述したように日本軍の南部仏印進駐に伴い、アメリカの対日資産凍結が発動せられ、陸海軍が今や現実の日米戦争に直面して苦悩しているとき、一方近衛首相は、その側近である富田健治内閣書記官長及び伊藤述史情報局総裁の進言に基づき、日米巨頭会談を決意いたしました。八月三、四日頃であります。

まず陸海軍を納得させることが大事であるとして、病床の近衛首相は陸海軍に対する申し入れを、富田健治内閣書記官長に口述筆記させました。五項目からなっていますが、そのうちの三項目を摘記しますと次の通りであります。(26)

(1)米国大統領もWish to leave nothing undoneと云っている位で、この際つくすべき事をつくす事は、吾々《われわれ》の義務なりと考える。今日迄の日米の話合の裏には、種々誤解もあり、又感情の行き違いもあり、双方の真意が徹底しておらぬ観あり、此のままずるずると戦争に這入ると云う事は、世界の平和特に日米の国交を最も御軫念《しんねん》遊ばさるる陛下に対し奉っても、又国民に対しても、為政者として申訳ない事と考える。つくす丈《だけ》のことはつくして遂に戦争になると云うならば、これは致し方なし。その場合には、吾々も腹も据《すわ》り国民の覚悟もきまる。欧州戦争前にイギリスのチェンバレンが再三ヒットラーと会見するために、大陸に赴いた事は、結果から見て、ヒットラーに騙された貌《かたち》ではあるけれ共、英国民の覚悟をきめさせる上には相当の効果があったと思われる。

(2)この際は全く危機一髪の時であって、野村大使等を通じての交渉では時機を失するおそれあり。むしろ総理自ら大統領と会見の上、帝国の真意を率直大胆に披瀝すべし。その際彼にして了解せざれば、席を蹴って帰るの覚悟を要するは固《もと》よりなり。従って対米戦の覚悟をきめてかかる事柄で、大統領と直接会て遂に了解を得られなかったと云う事であれば、国民に対しても真に日米戦止むを得ずとの覚悟を促す事になり、又一般世界に対しても侵略を事とするのではなくして、太平洋平和維持の為には此れ丈《だけ》誠意を披瀝したのである事がはっきりして、世界世論の悪化を幾分にても緩和し得る利益あり。

(3)併《しか》しながら問題は、何でも米国と話合をつけると云う事に急なるの余り媚態となり、屈服の観があってはならぬ。要するにつくす丈《だけ》の事はつくす、そして出来なければ止むを得ぬ、つくす丈《だけ》の事をつくすと云う事が、対外的にも対内的にも、必要であると考えるのである。

これは陸海軍の同意を取りつけるための文書であるので、近衛首相の真意は全くこの文面通りと受け取るわけにはいきませんが、首相は日米国交調整を何とか解決したいと真剣に考えていたのであります。

戦後富田氏（当時の内閣書記官長）によれば色々の言い方をしているけれども、「近衛公の真意は、ルーズベルト大統領さえこの会談に応じ、近衛公がアメリカへ行けることになったらたとえ我軍部が交渉条項に付き異議を唱えても（このことは支那からの日本軍の撤兵と云うことについて、特にその公算は多かったのである）、会見地から直接陛下に電報によって御裁可を乞い調節するという非常手段を考えていた」[27]というのであります。

近衛首相はこの会談を考えるにあたり、テロによる死をも覚悟していたようであり、官界の長老伊沢多喜男氏の意見をきいた際次のような趣旨の会話を取りかわしております[28]。

伊沢　これをやれば殺されることが決まっているが。
首相　生命のことは考えない。
伊沢　生命のみでなく、米国に日本を売ったと言われるだろう。
首相　それでも結構だ。
伊沢　結局ルーズベルトが一〇〇分の四〇アメリカを売り、近衛が一〇〇分の

六〇日本を売ることになる。

陸海軍大臣はそれぞれ統帥部の意見をふまえて、直ちに同意を表しました。東条陸相は「会見の結果不成功の理由を以て辞職せられざること、否寧《むし》ろ対米戦争の陣頭に立つ決意を固めらるること」[29]という注文をつけました。陸海軍は随員をきめ、海軍は乗船の準備万端を整えました。首席随員には陸軍は軍事参議官兼陸軍航空総監土肥原賢二《どいはらけんじ》大将、海軍は前海軍大臣吉田善吾大将が選ばれました。特に陸海軍両軍務局長が随員に予定されていることは注目すべきであります。

陸軍省政策立案者石井大佐（前掲）も随員の一人でしたが、「私は随員の内命を受けたとき実に悲しいやるせない思いをした。近衛『ル』会談する。近衛頑張る、『ル』容れず。近衛は東京に向け之以上は出来ませんと電報する。三宅坂（注　陸軍中央部）が突張る。然し陛下が御裁定になり、陸軍に優諚《ゆうじょう》が下る。万事休する。というのが私の政治的見透しであった」[30]と述懐しています。会談が実現さえすれば、決裂ということがなかったであろうことは確実でありましょう。

米国の反応——絶好のチャンスを失う

巨頭会談に関する申し入れは、八月八日野村駐米大使からハル国務長官に対し行われましたが、南部仏印進駐直後のことでもあり、ハル国務長官は、日本の政策に変更なき限り、大統領に取り次ぐ自信なし、というようなひややかな態度でありました。

八月四日以来ルーズベルト大統領とチャーチル首相との大西洋会談が極秘裡に行われ、十四日いわゆる大西洋憲章が発表されました。この会談での重要議題のもう一つは、対日共同政策なかんずく対日共同戦争警告の問題であり、その結果米、英、豪、蘭等が同時に策応して、日本に対し戦争警告を発することに合意されました。

八月十七日野村大使が求めに応じルーズベルト大統領を往訪すると、二つの文書すなわち対日戦争警告——野村大使は「本使限りの参考迄貰い受けたり」[31]と報告し重要視せず、従って日本政府大本営はこれを特別問題視しなかった——と、巨頭会談申し入れに対する回答とを渡されました。

巨頭会談に関する回答は、原則的賛意を表しながらも、それには日本が「其の膨張主義的活動を停止し、合衆国が誓約し居るプログラム原則に従って、太平洋に関する平和的プログラムに関する従来より一層明瞭なステートメントを提示せよ」というのでありました[32]。

日本は八月二十六日、非常な熱意と努力とを以て作りあげた回答声明と、近衛首相の大統領宛メッセージを送りました。八月二十八日ルーズベルト大統領は野村大使を招き、近衛メッセージを「非常に立派なものなりと大《おお》いに賞讃し」、会談地に付き、ハワイは不在日数の制限上都合が悪いので、ジュノウ（アラスカ）がよろしかろうと述べるなど、巨頭会談に大いに乗り気であるかのようでありました[33]。

しかし同日夜野村大使が会ったハル国務長官は、「予め大体話を纏《まと》め置きたる上、愈々《いよいよ》両者の会見とならば、之を最後的に決定（ラチヒケイション）する形式と致し度《たし》」とか、「大体従来の話合をアップ・ツー・デートとなす要あり」とか述べ、また「支那問題を離れて日米国交調整は困難なり」と繰り返し、従来からの懸案の中国からの撤兵問題並びに三国同盟問題を蒸し返したのであります[34]。

八月末、以上二つの報告が東京に着電し、日本は正に悲喜こもごも到る感がありました。八月三十日野村大使電を読んだ陸軍省軍務課長佐藤賢了《けんりょう》大佐は「アメリカは間抜けだわい。無条件に会えば万事彼等の都合通り行くのに」[35]と部下に語りました。日米両国政府はまさに絶好のチャンスを失ったのであります。

第七章

東条内閣の登場と国策の再検討

米国の対日全面禁輸──日本の対米英蘭戦を辞せざる決意

米国の対日全面禁輸

米国務省政治顧問ホーンベック氏は、昭和十六年（一九四一年）七月五日ハミルトン極東部長に書簡を送り、またグルー駐日大使は七月六日、本国政府宛電報を打ち、いずれも七月二日御前会議決定に基づく日本の進路について、極めて正確な判断を述べております。特に日本の南進が仏印に限られていることについてなんらの誤断をいたしておりません。

七月二十一日、米国政府は日本を抑制するために、「対日資産を凍結する。但し石油、棉花《めんか》その他輸出品の許可証は、数量を厳重に限定し、同量の絹の輸入によって支払う建前で発行する」ことを決定したようであります。(1) そしてスターク

おります。海軍作戦部長はもとより対日貿易の禁止に反対であり、それを大統領に進言して

しかるに七月二十四日朝ルーズベルト大統領はホワイト・ハウスにおいて、ニューヨーク市長に伴われた義勇協力委員会の面々に対し、即席の演説を行いました。その末尾は「もし米国が日本に対する石油供給を停止したとしたら、日本は一年前に蘭印におしかけて行って、既にこの地域での戦争はとっくに起っていたことであろう。そこで云ってみれば……南太平洋での戦争防止を期待して、日本に石油を供給するという手があったわけで、この手は二年間役に立った」というのであります。これは対日石油の供給を停止すれば、自動的に戦争になるということを大統領が前々から自覚している旨を、宣言したものでありました。もっともルーズベルト大統領が、その対日石油供給を今や停止する決意を持つに至ったかどうかについては、この演説は直接的回答を与えてはおりません。その回答は数日後に明らかとなるはずのものでありました。

同日午後の閣議において、ルーズベルト大統領は、対日資産凍結令が完全に包括的でなければならぬ旨を決定し、その凍結令の運営は、国務、財務、司法三省

の代表者から成る委員会にまかされました。

その委員会がまとめた意見書が、七月三十一日大統領に提出され、八月一日米国政府は「小量の石油、名ばかりの貿易」を許す旨発表いたしましたが、爾来アメリカを始め、西半球地域からの石油輸出及び石油取引受払に関する許可は、全くおりなかったのであります。

これはまさしく経済断交であり、日本にとっては戦争行為以上の苦痛でありました。英国は早期英米一体化の実をあげるため、このときアメリカに対日経済断交をむしろすすめ、また、蘭印はやむなく英米に同調したようであります。

対米英蘭戦争を辞せざる決意

今や日本はまさしく米英蘭等の全面禁輸を受けるに至りました。既に縷々《るる》申し上げました経緯からすれば、陸海軍なかんずく海軍が猶予なく対米英一戦を決意することは、自明かつ当然のことでありましたが、事態はもとよりそのように簡単には進展せず、陸海軍の上下をあげて、七月末から九月初めにかけ、和戦をめぐる苦悩の数週間が続いたのであります。

七月三十日永野軍令部総長は、意を決して、今や対米英蘭戦争決意の必要である旨を天皇に上奏いたしました。内大臣木戸幸一――内大臣の任務は宮中において常時天皇を輔佐するにある――の日記には、永野軍令部総長上奏の骨子として、「国交調整不可能なり、従って石油の供給源を失うこととなれば、此儘《このまま》にては二年の貯蔵量を有するのみ。戦争となれば一年半にて消費し尽すこととなるを以て、寧《むし》ろ此際打って出るの外なしとの考えなり」と記されております。

天皇はこれには極めて御不満であり、急遽《きゅうきょ》及川海軍大臣が招致されました。及川海相は「南方武力解決ないしは対英米戦決意は、永野総長個人の考えを奏上せるものにして、海軍全般としては未だ斯《か》く考えあらず、御心配なき様に」(2)と申し上げたのであります。

しかしそれは永野軍令部総長個人の考えではなかった様であり、約一週間前の七月二十一日、すなわちいまだ米英蘭の全面禁輸を受ける前の、大本営政府連絡会議――このときから再び開催場所を宮中に移し、連絡会議の呼称を復活した――において、永野軍令部総長は次のような所信(3)を初めて公式に披瀝いたしました。それはさきにも述べましたように全海軍の苦悩であったのであります。「米に対しては今は戦勝の算あるも、時を追って此の公算は少くなる。明年後半期は最早《もはや》歯が立ちかねる。其後は益々悪くなる。米は恐らく軍備の整う迄は問題を引きずり、之を整頓するならん。従って時を経れば帝国は不利となる。戦わずして済めば之にこした事はなし。然し到底衝突避くべからずとせば、時を経ると共に不利となるということを承知せられ度《たし》。尚比島を占領すれば海軍は戦争がやりやすくなる。南洋の防備は大丈夫、相当やれると思う」というのであります。

次いで八月一日の大本営政府連絡会議において、国家の物資動員主管庁である企画院の鈴木貞一《すずきていいち》総裁から、「戦争遂行に関する物資動員上よりの要望」という文書が提示されましたが、その末尾は「現状を以て英米等に依存し資源を獲得して国力を培養せんとするも、今や極めて困難とする所にして、現状を以て推移せんか帝国は遠からず痩衰《そうすい》起《た》つ能《あた》わざるべし。即ち帝国は方《ここ》に遅疑することなく最後の決心をすべき竿頭《かんとう》に立てり(4)」というのでありました。

陸軍なかんずく参謀本部の北進論は、八月一日以来急速にかげをひそめました。八月九日遂に陸軍中央部は、昭和十六年(一九四一年)内の北方武力解決は行わない方針——昭和十七年(一九四二年)以降行うことがある含みを残す——

を採択し、「一六個師団基幹を以てする対ソ防衛警戒を益々厳ならしむると共に、南方に対し十一月末を目標として対英米作戦準備を促進する」(5)ことを決定いたしました。

ご承知のように、従来における国策決定のパターンは、まず陸軍から海軍に対し原案が提示され、それを基礎として大本営陸海軍部案がつくられ、次いでこれを政府に提示して、大本営政府連絡会議決定となるのが常でありました。すなわち多くの場合大本営政府間にあっては大本営、大本営にあっては陸軍部が、国策決定のイニシアチーブをとっていたのであります。

しかし対米英戦の場合戦争の主役を演ずるものは海軍であるゆえ、陸軍は海軍からの原案提示をまつべきであると慎重な態度をとりました。その海軍から原案提示があったのは八月十六日でありました。「十月中旬を目途として戦争準備と外交を併進させ、十月中旬に至るも外交打開の途なき場合には実力を発動す」(6)という趣旨であります。

実力発動とは武力発動、すなわち開戦を意味すると見るのが常識でありましょうが、その武力発動ないし開戦という字句の使用さえ、特に避けているのであります。それは海軍省首脳が極度に対米英戦争を忌避していることのあらわれでもありましょう。

この海軍案は、要するに十月中旬までに国家として戦争準備を完整することをきめることにありました。そして外交不成立の場合開戦するか否かの次の問題は、そのときになって、更《あらた》めて廟議の決定にまつべきものであるから、ここでは成るべく避けて通ったのでありました。しかし戦争準備をする以上、外交不成立の場合予見される武力発動のことを、あらかじめ明記しないという法はないでありましょう。それで「実力発動」という曖昧な表現となったものと認められます。

これに対し参謀本部は、海軍案の戦争決意すなわち外交不成立の場合戦争に訴える――開戦する――決意の有無に疑惑を持ちました。今やその決意を確定することが先決であり、戦争準備はその決意の確定をまって初めて行うべきであると主張いたしました。その陸軍にあっても外交不成立の場合開戦すべきや否やは、更めて廟議の決定にまつべきであるとの考えは同じでありました。

海軍においては昭和十五年(一九四〇年)八月以来対米本格的戦備を行い、翌年八月十五日には出師《すいし》準備第二着作業の一部を発動し、九月一日開戦に即応する全面的戦時編制に移行する計画でありました。すなわち海軍は着々戦争準備を進めておりましたが、陸軍の米英蘭に対する本格的戦争準備はまさにこれからでありました。陸軍の南方に対する動員、作戦軍の戦闘序列下令、集中、戦略展開、莫大なる船腹の徴用等は、国家の戦争決意――外交不成立の場合戦争に訴える決意――なくして実施することは不可能かつ不適当であり、天皇は御許しにならぬものと考えていたのであります。

もっぱらこの戦争決意をめぐっての折衝が執拗に続けられ、結局陸軍の主張する「対米英蘭戦争決意」は、海軍の意見により「対米英蘭戦争を辞せざる決意」という表現に落ちつき、八月三十日「帝国国策遂行要領」陸海軍案の合意を見ました。(7) その骨子は次の通りであります。

(1)帝国は自存自衛を全うする為対米（英・蘭）戦争を辞せざる決意の下に、概《おおむ》ね十月下旬を目途として戦争準備を完整す。

(2)帝国は右に併行して、米英に対し外交の手段を尽して帝国の要求貫徹に努む。対米（英）交渉に於て帝国の達成すべき最少限度の要求事項、並に之に関連し帝国の約諾し得る限度は別紙の如し。

(3)前号外交交渉に依り十月上旬頃に至るも尚我要求を貫徹し得ざる場合に於ては、直ちに対米（英・蘭）開戦を決意す。

御前会議における異例の天皇発言

「帝国国策遂行要領」陸海軍案は、九月三日一部の修正を経て、大本営政府連絡会議決定となりました。その一部修正は及川海相の発言によるもので、第三項に「我要求を貫徹し得ざる場合」とあるのが、「我要求を貫徹し得る目途なき場合」と修正されたのであります。

これはこの国策案の骨抜きに通ずる重大修正でありました。すなわち「目途の有無」は各個人の判断によるところであり、従って開戦の決意はその判断に左右され、原案のごとき自動的開戦を回避できるのであります。海軍首脳の真意は、とにかく戦争準備だけは完整しておこうというのであります。

連絡会議冒頭永野軍令部総長が「帝国国策遂行要領」の提案理由(8)を述べまし

た。その要点は次の通りであります。

「帝国は各般の方面において物が減りつつあり、すなわちやせつつあり。

これに反し敵側は段々強くなりつつあり。時を経れば帝国はいよいよやせて足腰立たぬ。また外交によってやるのは忍ぶ限りは忍ぶが、適当の時機に見込みをつけねばならぬ。到底外交の見込みなき時、戦《いくさ》を避け得ざる時になれば早く決意を要する。今なれば戦勝のチャンスあることを確信するも、この機は時と共になくなるを虞《おそ》れる。戦争については海軍は長期短期二様に考える。多分長期になると思う。従って長期の覚悟が必要だ。敵が速戦即決に来ることは希望する所にして、その場合は我近海において決戦をやり、相当の勝算があると見込んで居る。しかし戦争はそれで終わるとは思わぬ、長期戦となるべし。この場合も戦勝の成果を利用し、長期戦に対応するが有利と思う。これに反し決戦なく長期戦となれば苦痛だ。特に物資が欠乏するので之を獲得せざれば長期戦は成立せず。物資を取ることと戦略要点を取ることにより、不敗の備をなすことが大切だ。敵に王手と行く手段はない。しかし王手がないとしても、国際情勢の変化により取るべき手段はあるだろう。要するに国軍としては、非常に窮境に陥らぬ立場に立つこと、また開戦時機を我方で定め、先制を占める外なし、これによって勇往邁進する以外に手がない」

「帝国国策遂行要領」は九月六日の御前会議に付議されることになり、五日近衛首相はその概要につき天皇に内奏いたしました。天皇は果然陸海軍両統帥部長をも招致され、近衛首相同席の下、対米英戦争に対する御不安と、戦争準備と外交を併進させることに対する御不満とを強く御述べになり、成るべく平和的にやること、及び外交を先行させることを指摘されました。両統帥部長はこもごも、もとより外交が主であり、戦争準備はその外交が不成立の場合に備えての措置であることを強調したのであります。

このとき永野軍令部総長は「時機を逸して数年の後に自滅するか、それとも今のうちに国運を引き戻すか、医師の手術を例に申上げれば、まだ七、八分の見込があるうちに最後の決心をしなければなりませぬ。相当の心配はあっても、この大病を治すには大決心を以て国難排除を決意する外はない。思い切るときは思い切らねばならぬと思います」と述べ、天皇の「絶対に勝てるか」との御下問には「絶対とは申し兼ねます。事は単に人の力だけでなく、天の力もあり、算があればやらなければなりませぬ。必ず勝つかときかれても奉答出来かねますが、全力を尽して邁進する外はなかるべし。外交で対米妥結といっても、一年や二年限りの平和では駄目で、少くも十年、二十年でなければなりませぬ。一年や二年の平和では、第一国民が失望落胆すべし」と申し上げたのでありました。(9)

九月六日の御前会議において、「帝国国策遂行要領」は連絡会議決定通り採択されました。御前会議は予定に従い型のごとく議事が進行いたしましたが、原枢密院議長が問題点をずばりついて、併進する外交と戦争準備のいずれが主であるか、と政府及び統帥部に対し質問するに及んで、既に申し上げましたように、天皇異例の御発言並びに両統帥部長に対する御叱りがあったのであります。それは前日天皇におかれて充分御納得済の問題であり、しかもなお特にこの御発言のあったことは、天皇が依然として「帝国国策遂行要領」に、強い御不満を持っておられることを物語るものでありましょう。

この御前会議における天皇の御発言は、陸軍中央部の首脳及び事務当局にとって大きなショックでありました。会議を終わって陸軍省に帰った武藤軍務局長は政策立案者石井大佐に対し、「これは何でもかんでも外交を妥結せよとの仰せだ。一つ大いに外交をやらにゃいけない」と述べ、さらに次のようにつけ加えました。「俺は情勢を達観しておる。これは結局戦争になる外はない。だが大臣や参謀総長が天子様に押しつけて戦争に持って行ったのではいけない。天子様が御自分から御心の底からこれはどうしても止むを得ぬと御諦めになって戦争の御納得の行くまで手を打たねばならぬ。だから外交を一生懸命やって、これでもいけないというところまで持って行かぬといけない」[10]というのであります。たしかに武藤軍務局長は陸軍切っての対米平和論者と目され、海軍の岡敬純軍務局長と密に提携して、対米外交の推進に全力をつくしました。

対米交渉条件

「帝国国策遂行要領」（以下九月六日の政策と呼称する）の別紙として、対米（英）交渉において日本が達成すべき最少限度の要求事項と、日本の約諾し得る限度とが定められました。

問題の日本軍の中国駐兵に関しては「日支間新取極《とりきめ》に依る帝国軍隊の駐屯に関しては之を固守するものとす」と定められました。この「新取極」とは、もとより昭和十五年（一九四〇年）十一月三十日、日本が汪兆銘政府と締結した日華基本条約を指し、これにより日本は北支及び内蒙方面における防共駐兵並びに南支方面沿岸及び特定島嶼《とうしょ》における艦船部隊の駐留を意図したのであります。

日本の約諾事項としては、⑴「仏印を基地として支那を除く其の近接地域に武力進出をなさざること」、⑵「公正なる極東平和確立後印度支那より撤兵する用意あること」、⑶「比島の中立を保障する用意あること」などが規定されました。

いずれにいたしましても、対米（英）交渉は、従来の日米了解案の線に沿う対米国交調整の妥結を期そうとするにありました。そこでこの御前会議決定の交渉条件のわく内における、日本の最後案というべき「日米了解案」が、昭和十六年（一九四一年）九月二十日の大本営政府連絡会議において採択され、二十五日、米側に提示されました。

その日本側最後案の対欧州戦態度すなわち三国同盟問題は、欧州戦争に対し両国政府とも「防護と自衛の見地」から行動し、米国が欧州戦に参入した場合の日本の三国条約に対する「解釈及之に伴う義務履行は専ら自主的に行わるべし」という表現になりました。日本の三国同盟に対する態度は骨抜きになったがごとく、ならざるがごとく微妙なものがあります。

日支和平問題に関しては、従来の案同様米国大統領は単に和平の勧告を行うだけの案文でありますが、列挙主義の「日支和平基礎条件」[11]を定め、あらかじめこれを米側に提示して諒解を求めることに歩み寄ったのであります。

既に申し述べましたように、日支和平問題中、米側の主なる関心事項は、駐兵問題と通商無差別問題でありましたが、日本側最後案は日支間の経済協力が、「国際通商関係に於ける無差別の原則、及隣接国間に於ける自然的特殊緊密関係存立の原則に基き行われる」べきであると規定いたしました。かつていわゆる「石井・ランシング協定」によって一時認められた地理的近接特殊緊密関係は、肯定せられるべきであると主張しているのであります。

東条内閣の政策――対米英蘭戦争決意

東条内閣の登場

昭和十六年（一九四一年）十月二日ハル国務長官は野村大使を招致し、長文な口上書を手交し、「米国政府としては予め諒解成立するにあらざれば、両国首脳者の会見は危険なりと思考するものなること、又太平洋全局の平和維持の為には、パッチアップしたる了解にては不可にして、クリーアカット・アグリーメントを必要とするものなること」を告げたのでありました。

口上書は日本が中国及び仏印から全面的に撤退する「意向を明確に宣言する」ことを要請しておりました。日本軍の中国駐屯は「平和を招来し、又は安定の期待を提供することなかるべし」というのであります。

通商無差別原則の問題に関しても、日本が「支那に対する地理的近接の理由に基き、この原則の適用に対し或る制限を意図し居る」として異議を唱え、地理的近接特殊緊密関係の放棄を要請して来たのであります。

三国同盟問題に関しては、日本政府の態度を「多とする」が、「日本国政府が若《も》し其の立場を此の上表明し得るや否やに付《つき》、更に御検討を加えらるるに於ては有益なるべし」と述べ、この上の譲歩を婉曲に求めているのでありました。

さらに重要なことは次のような「米政府が国家間の関係の基礎と目しある四原則」、すなわちいわゆる「ハル四原則」の全面的受諾を、更《あらた》めて要請して来たことでありました。

⑴一切の国家の領土保全及び主権の尊重
⑵他国の国内問題に対する不関与の原則の支持
⑶通商上の機会均等を含む均等原則の支持
⑷平和的手段により現状が変更せらるる場合を除き太平洋における現状の不攪乱

かくて十月二日付米側口上書は、国務省極東部日本課長バレンタイン氏が進言したように、「友好的語調」で綴られ、かつ「今後の討議のための門戸を開放」してはおりますが、[12] 懸案となっている全問題についての異議を明確に表明していたのでありました。時あたかも九月六日の政策に基づき、戦争か平和かを決定すべき時機が目前に迫っておりました。

その時機は「十月上旬頃」ときめられておりましたが、九月二十五日の大本営政府連絡会議において、陸海軍両統帥部長から「遅くも十月十五日まで」と申し入れてありました。政府及び陸海軍において、果然十月二日付米側口上書に対する態度をめぐって、論議が沸騰したのは当然でありました。

その論議は実質的には和戦の決に通ずるものでありますが、一応は交渉妥結の目途の有無に向けられました。陸軍中央部は一致して目途なしということでありました。永野軍令部総長が十月四日の大本営政府連絡会議において、「最早ヂスカッションをなすべき時にあらず」[13] と強硬発言を行ったりいたしましたが、海軍中央部の一般意見は交渉続行論でありました。それは一見妥結の目途あるがゆえの交渉続行と受け取れますが、海軍の真意は、このままでは目途がないとすることは陸軍と同様で、駐兵問題に関しあやをつければ駄目だと考えているのでありました。

しかしその駐兵問題緩和の話は、海軍から直接陸軍に切り出すことは出来ないとし、近衛首相に海軍の意中を打ち明け、近衛首相の裁量に一任しようといたしました。いわゆる下駄を近衛首相に預けようとしたのでありました。(14)

十月十二日近衛首相の私邸において五相会議（近衛首相、豊田外相、東条陸相、及川海相、鈴木企画院総裁）が開かれ、政府としての態度を討議いたしました。(15)

豊田外相は「駐兵問題に多少のあやをつければ日米交渉妥結の余地あり」と主張し、東条陸相は「凡《およ》そ交渉は互譲の精神がなければ成立するものではない。日本は今日まで譲歩に譲歩し、四原則も主義として之を認めたり。然るに米の現在の態度は自ら妥協するの意志なし。妥結の見込なしと思う」と述べ、及川海相は「外交で進むか戦争の手段によるかの岐路に立つ。期日は切迫している。其の決は総理が判断してなすべきものである。若し外交でやり戦争をやめるならばそれでもよし」と発言いたしました。

この及川海相の発言は、「戦争は出来るだけ回避したい。しかし海軍として表面に出して之を言うことは出来ない。いい得ることは和戦の決は総理に一任するということである」というのであり、これは前日夜近衛首相に通じていたのであります。「駐兵緩和、交渉続行」に関し近衛首相に下駄を預けるという話が、「和戦の決は総理一任」となったのでありましょう。

さきに申し述べましたように、明治憲法下における各国務大臣は、おのおのが天皇を輔弼《ほひつ》する責任があり、総理大臣は行政各部の統一を保持するに過ぎず、海軍大臣が和戦の決定のような重要国務に付き、総理一任の態度をとることは、海軍の苦衷を表明するものでありました。

そこで近衛首相は「今どちらかでやれと言われれば、外交でやると言わざるを得ず。戦争に私は自信ない。自信ある人にやって貰わねばならぬ」と述べました。東条陸相は「これは意外だ。戦争に自信がないとは何事ですか。それは国策遂行要領を決定する時に論ずべき問題でしょう。外交でやるということは外交に妥結の目途ありという態度でなければならない」と反駁いたしました。

結局内閣総辞職の外はありませんでした。すなわち、九月六日の政策が定める条件のままでは、交渉妥結の見込み全くなく、しかも九月六日の政策の通り、「直ちに対米英蘭開戦を決意する」ことも出来ぬとあれば、その政策を御破算にし、新内閣による国策の再検討を必要とするでありましょう。

十月十六日第三次近衛内閣は総辞職し、十八日東条内閣が成立いたしました。東条中将――十八日大将に進級――に組閣の大命が下ったことは、本人及び陸軍にとってはもとより、一般にも極めて意外でありました。

昭和十五年（一九四〇年）元老西園寺公望の死去以降における後継内閣首班の選定は、内大臣が天皇の御下問を受け、重臣――総理大臣の経験者をいう――を集めてその参考意見をきき、内大臣の責任において奉答するという慣例でありました。木戸内大臣はもとより戦争回避に傾いておりましたが、その東条首相推挙の理由は、今更国策を白紙に戻して再検討することは極めて困難なことであり、陸海軍なかんずく陸軍を充分掌握し得ると共に、今日までの経緯に精通した人でなければならず[16]、また和戦いずれになるにしても、難局を処理し得る能力と条件を備えた人でなければならぬ[17]、それには東条陸相をおいて他なしというのでありました。

近衛首相も東条中将推挙に同意であり、同首相は十六日グルー米大使に対し「新内閣の単なる外見や印象によって、失望落胆せぬよう」特に申し送り、翌十七日朝後継首班が陸軍軍人であることを、秘書の牛場友彦氏をして米大使館ドウマン参事官に告げさせているのであります(18)。

国策再検討——対米英蘭戦争決意

東条首相は組閣の大命を受けた際、木戸内大臣から天皇の御意向として、九月六日の政策を白紙に還元して国策を再検討することを要請されました。その国策再検討は十月二十三日以降ほとんど連日大本営政府連絡会議を開いて行われました。

会議出席者の新人は、嶋田繁太郎《しまだしげたろう》海軍大臣、東郷茂徳《とうごうしげのり》外務大臣、賀屋興宣《かやおきのり》大蔵大臣——東条内閣時代は大蔵大臣も連絡会議の構成員に加えられた——の三人でありました。東郷外相は外交畑出身の実力を買われて起用されたもので、同外相は対米交渉続行を条件として、就任に応じたのであります。

陸海軍統帥部なかんずく参謀本部は、今更国策を再検討するような時間の余裕はないと考え、東条首相のやり方に不満でありました。すなわち九月六日の政策決定にあたり、陸海軍統帥部が予定した外交不成立の場合の開戦期日は十一月初頭でありましたが、政変により、その予定は大幅に遅れ次の開戦予定期日として十二月初頭を絶対に逸してはならないと考えていたのであります。

第一に、全般的に作戦上開戦は成るべく速やかなるを要することはもとよりでありますが、特に南方における米英蘭の戦備強化なかんずく航空戦力の増勢は著しいものがあり、時日の経過に伴い南方作戦の遂行を困難ならしめると考えられました。参謀本部の航空作戦主任者は、シンガポールにおけるスピットファイヤ――ウィンストン・チャーチル氏によれば、そのスピットファイヤーこそが英本土否西欧文明の危機を救ったと指摘しております――の増勢に重大関心を寄せておりました。

第二に、南北二正面戦争を避けるために、満洲方面の冬の間に南方要域攻略作戦――約五カ月を要するものと胸算――を終了し、翌年春以降の北方ソ連の策動に備えなければならず、そのためには遅くも十二月初頭の開戦が必要でありました。北方満ソ国境方面においては、おおむね十一月ないし四月の間、寒気のため大兵団の作戦は至難であるというのが定説でありました。

第三に、十二月を過ぎるとマレー半島方面における季節風強まり波浪大となり、南部タイ東海岸に対する上陸作戦――海軍の真珠湾攻撃と陸軍の南部タイに対する渡洋上陸作戦が、開戦時における作戦の二本柱でありました――が至難ないし不可能であると考えられておりました。そして開戦日は月齢による明暗を活用する関係上、月初に選定する腹案でありました。

国策再検討は十月三十日まで各問題毎の検討を終わり、十一月一日総合的結論を求めることになりました。そのため東条首相が、あらかじめ提示して、腹構えをかためておくよう要請した三案[19]は次の通りでありました。

第一案　戦争することなく臥薪嘗胆す。

第二案　すぐに開戦を決意し戦争により解決する。

第三案　戦争決意の下に作戦準備と外交を併行させる。

十一月一日の大本営政府連絡会議に臨むにあたり、参謀本部は第二案、陸軍省及び海軍中央部は第三案でありました。

会議[20]は午前九時開始されました。第一案の臥薪嘗胆案は実は二案に分かれました。日本が米国に対し限度以上の譲歩を行って一応国交調整を行った場合の臥薪嘗胆と、外交不調の現状のまま行う臥薪嘗胆とであります。前者は東郷外相、賀屋蔵相が意外にも特に強くこれを否定し、全員期せずして断じて採用すべきものではないと即決いたしました。

後者に関し、永野軍令部総長は「最下策なり」と言下にこれを否定いたしました。臥薪嘗胆を行う以上むしろ前者を可とするというのが永野軍令部総長の考えでありました。

永野軍令部総長は後者のような臥薪嘗胆を行ったのでは、「米国は逐日軍備を増強し、包囲陣を強化し、援蔣援ソを増進し、しかも日本はジリ貧となり、日本の国防は極めて危険である。政府に今日根本的に理解認識してもらいたいことは、日本として対米戦争の戦機は今日にある。この機を失したならば、開戦の機は米国の手に移り、再び永久に我が手中には帰らないことである」と強調いたしました。しかし永野軍令部総長は作戦の見通しに関して、既に数次ふれましたような判断を述べ、結論として戦争第一、第二年は確算があるが、第三年以降は海軍勢力の保持増進、有形無形の国家総力、世界情勢の推移いかんにより決せられ、確算はないと説明するのでありました。

これに対し賀屋蔵相は、「作戦開始の機は我に在るとしても、決戦の機は依然米国の掌中に在る。その米国に握られている二年後の決戦に確算のないような戦争は不安定である。米国から戦争をしかけて来る公算は少いと判断する」として、むしろ現状のままの臥薪嘗胆案を支持し、東郷外相も「米国は軍備以外はほとんど生産拡充が見られないので、米国から戦争をしかけて来ることはなかろう。又欧州戦争後各国が連合して対日圧迫を加えて来るであろうというようなことは俗論で取るに足らない。日本が臥薪嘗胆で行く場合、米国が攻撃して来るとは思われぬ」と述べ、現状のままの臥薪嘗胆案を支持いたしました。

当時識者の中には現状のままの臥薪嘗胆案を支持するものが比較的多く、戦争に反対したという識者の大部分はそれであります。木戸内大臣の十月九日の日記が典型的にそれを示しております。

鈴木企画院総裁が物資の面から臥薪嘗胆案の不可能であることを説明し、結局臥薪嘗胆案は「戦わずして米国に屈するの外なきに至るであろう」と結論されました。

第二案は少数意見であり、落ちつくところは第三案でありました。第三案で問題となったのが外交交渉の期限と交渉条件とであることは申すまでもありません。その決定には主として東郷外相と、参謀総長及び同次長との間に、激しい意見の対立があり、東郷外相は自分の意見が容れられないならば辞職も辞さない――内閣総辞職に追い込まれる可能性あり――という態度を示し、この間に在って武藤陸軍省軍務局長は、とにかく合意が成立するよう斡旋に腐心したのでありました。

交渉期限は参謀本部から十一月十三日案――南部仏印に対する戦略展開開始――軍令部から十一月二十一日案――ハワイ攻撃機動部隊本土沿海出港――が出されましたが、結局十一月三十日までとなり、三十日の何時かというきわどい議論まで出て、十二月一日午前零時と決定されたのであります。

交渉条件については、東郷外相のペースで話が進められ、従来の「日米了解案」の線に沿った甲案がまず決定されましたが、東郷外相は突如とし乙案を提案いたしました。乙案とは要するに日米が南部仏印進駐または資産凍結前の状態に復帰しようという暫定案であります。その乙案の原案は、元外相幣原喜重郎氏が立案し、元外務次官吉田茂氏が東郷外相の許に持参したものであります。[21]両氏についてはさきにふれたところでありますが、いずれも東郷外相より先輩の親英米派外交官出身であり、その戦後の活躍はご承知の通りであります。

乙案に対しては杉山参謀総長及び塚田参謀次長が猛然と反対し、甲案一本で交渉することを主張しましたが、東郷外相は自説を固持し、結局後で詳説するような修正を加えて採択されました。

会議は十一月二日午前一時散会となりました。かくて採択された再度の「帝国国策遂行要領」は次の通りであります。

(1)帝国は現下の危局を打開して自存自衛を完《まっと》うし、大東亜の新秩序を建設する為、此の際米英蘭戦争を決意し、左記措置を採る。

①武力発動の時機を十二月初頭と定め陸海軍は作戦準備を完整す。

②対米交渉は別紙要領に依り之を行う。

③独伊との提携強化を図る。

④武力発動の直前、泰《タイ》との間に軍事的緊密関係を樹立す。

(2)対米交渉が十二月一日午前零時迄に成功せば武力発動を中止す。

この国策案第一項に「対米英蘭戦争を決意し」とあります。それは戦争の決意であり、開戦するという決意ではありません。開戦すべきや否やの決意は、次の段階の廟議決定にまつべきものであります。しかるにこの国策案文の全般から受ける感じは、いかにも開戦気構えの極めて強いものと解釈され易いものでありまず。そこで陸軍省政策立案者石井大佐が、「戦争七分、外交三分」と理解して起草した国策説明書を提出すると、東条首相兼陸相は言下に「これは戦争に傾いている。戦争五分、外交五分だ。国策を誤解しては困る、書換えてこい」と命じたというのであります。[22]所詮この「帝国国策遂行要領」もその題名が同じであるように、建前としては九月六日の政策と大同小異であるというわけでありました。

この国策案文は事務当局の手を全く経ずに、十一月一日の大本営政府連絡会議席上即席で成案されたものでありまして、このような国策の決定の仕方は空前絶後のことであります。

国策案第一項に「自存自衛を完うし、大東亜の新秩序を建設する為」とあり、大東亜新秩序建設が戦争目的の一斑であるかのように解釈されますが、それは戦争遂行の手段として大東亜新秩序建設が叫ばれ、そして戦争遂行の結果として大東亜新秩序建設が実現されるということの意味合いに外なりません。九月六日の政策決定以来、陸海軍中央部が研究立案を進めて来た「対米英蘭戦争指導要綱」――いまだ正式採択には至らず――の第一項には、「対米英蘭戦争の目的は帝国の自存自衛を完うするに在り」と明記してあるのであります。

十一月二日夕刻東条首相は杉山、永野両統帥部長と列立して、国策再検討の経過及び結論を詳細に天皇に内奏いたしました。東条首相の奏上は声涙共に下り、天皇は一々御納得の体でありました。そして十一月五日御前会議において、「帝国国策遂行要領」[23]（以下十一月五日の政策という）は採択されたのであります。

最後の質疑応答において、原枢密院議長が「米国が日本の決意を見て屈すれば結構だが、然し絶望と思う。甚だ已むを得ぬと思う。然らばとて此儘にて行くことは出来ぬ。今を措いて戦機を逸しては米国の頤使《いし》に屈するも已むないことになる。従って米国に対し開戦の決意をするのも已むなきものと認む」と嘆息すると、東条首相は「日本が決意したと認めれば、其時機こそ外交的の手段を打つべき時だと思う。私は此の方法だけが残っておると思う。之が本案なり」と述べたのでありました。

陸軍の南方に対する作戦準備は、さきの九月六日の政策決定により、一部兵力の動員が下令され、作戦部隊の南方に対する移動集中と軍需品の前方集積が開始されただけでありました。しかしそれはばらばらの部隊の動きであり、南方に対する作戦軍の戦闘序列が下令されたのは十一月六日でありました。すなわち陸軍が一一個師団基幹を以て南方作戦の本格的準備を開始したのは、十一月五日の政策決定後であったのであります。

対米交渉条件甲案及び乙案

十一月五日の政策の別紙について述べたいと思います。

甲案は問題の駐兵及び撤兵に関し、日本がさきに最終案の積りで米側に提示した九月二十五日案に比し、かなり歩み寄りの誠意を示しております。

第一は、駐屯地域を限定的に明示したこと。九月二十五日案では単に「一定地域」と規定していたに過ぎないのに対し北支及蒙疆《もうきょう》の一定地域及海南島と明示しております。

第二は、駐屯期間に関し二十五年を目途とする旨で応酬することにしたこと。それは実質的には無期限駐屯から有期限駐屯に変わったことを意味する、重大転換と考えられたのであります。

第三は、駐屯部隊以外の軍隊の撤収期限——九月二十五日案では不明確——が明確化されたこと。しかも重大なことは、汪兆銘政府と結んだ日華基本条約では、「平和成立と同時に撤去を開始し治安確立と共に二年以内に之を完了すべし」とあって、平和成立後二年以内なのか、治安確立後二年以内なのか理解に苦しむ規定——これが条約交渉における最大の問題点——でありましたが、甲案は「治安確立と共に」を削除し、平和成立後二年以内である旨を明確にしたことであります。

余談でありますが、このせっかくの歩み寄りも、外務事務当局の手違いにより、「治安確立と共に」が削除されることなく野村大使宛訓電されました。野村大使から、「治安確立後二年以内」と翻訳したいと照会してきたにもかかわらず、いまだ誤りに気づかず、日華基本条約のかつての英訳条文を変更するのは適当でない旨返電しているのであります[24]。

第四は、支那事変が解決した場合でも仏印から撤去する旨を明らかにしていることであります。

通商無差別問題では、日本は遂に地理的近接特殊緊密関係存立の原則をも放棄したのであります。当時の外務省東亜局長兼アメリカ局長山本熊一《くまいち》氏が、アメリカともあろうものがこの原則を認めぬはずはない、と慨嘆したところのものであります。

一方、乙案の目玉は、本案成立に伴い南部仏印駐屯中の日本軍を北部仏印に移駐させることにありました。以上のように日本側は最後的努力をいたしました。しかし、これはアメリカ側の受け入れるところとならず、結局事態を解決するには至らなかったのであります。

第八章 開戦

「ハル・ノート」と日本の絶望

米国政府対日国交調整に熱意なし――不幸なるマジック情報

東郷外相の対米交渉に対する熱意は、来栖大使の特派を以て示されました。野村大使はさきに大使辞任を申し越しており、従来における東京・ワシントン間の意志の不疎通もあり、情勢重大の折柄有力な補佐者の特派が必要でありました。それは東郷外相が昭和十六年（一九四一年）十一月三日発意したことであり、選ばれたのが、来栖三郎前駐独大使でありました。来栖大使は甲案、乙案の説明を受けましたが、乙案についてはある先輩の間で練られ、極めて非公式ながら米英両国大使の意向をも打診し、英国大使の手応えはむしろ有望と解せられたことなども聞いていたので、引き受ける決心をしたのでありました。(1)

来栖大使は十一月五日朝、海軍の爆撃機で横須賀を出発台湾に向かいました。前日東条首相に会い、「交渉は成功三分失敗七分とみられるから、呉々《くれぐれ》も妥結に努力されたい」「交渉は十一月一杯で終了しなければならない、野村大使にだけこれを伝えて欲しい」と指示されましたが、(2) 十二月八日の開戦のことや真珠湾攻撃のことについては全く知らされませんでした。

来栖大使は台湾からマカオ付近の海軍基地に飛び、船でポルトガル領マカオを経て香港に到り、小型連絡機でマニラに飛び、爾後グルー大使の手配によるパン・アメリカン航空会社のクリッパー機に搭乗して、グアム、ウエーキ、ミッドウェー、ハワイ経由米国に急行し、ワシントンに到着したのは十一月十五日でありました。

「ハル回想録」によれば、「余は最初から彼（注　来栖氏）はずるいと思った。余は窃信や、我々の普通の情報や、またこれまでの会談中における日本の態度についての分析によって、日本の意図がどうであるかを知っていたので、来栖が日本を出発した時に、彼が彼の政府の計画と彼の果すべき役割を知らなかったということはあり得ないことと余には思われた。彼をワシントンに派遣した目的は二者択一的なものであった。第一に、彼は我々に日本の条件を認めさすようにできるだけ圧力と説得力を使用することになっていた。第二に、もしそれができなかったら日本の攻撃準備ができる時まで、会談によって我々をだますことになっていた」というのであります。コーデル・ハル氏のような人が、このような偏見と事実誤認をおかすとは実に意外であり、それが戦争の原因にもなることを、我々は日米関係今後のため、銘記しなければならぬものと考えます。

東郷外相は十一月四日野村大使に対し、甲案及び乙案の内容を内報（第七二六・七二七号電）し、翌五日御前会議の終了を待って交渉開始を訓電（第七三五号）し、次いで交渉は「遅くも本月二十五日迄には調印をも完了する必要あり」と追電（第七三六号）いたしました。

しかしここに注目すべきことは、東郷外相が乙案の目玉であるその「備考」第一項の前段、すなわち「南部仏印駐屯中の日本軍を北部仏印に移駐させる用意のあること」を、削除して内報したことであります。東郷外相としては最後の折衝段階まで、手のうちに残しておこうとしたものであり、十一月二十日乙案を提議したときには、それが加えられてあります。

しかるにファイスによれば、米国政府は十一月七日閣議を開いて、「現在の政策をそのまま続行し、攻撃にでるなり、後退するなりの決断は日本にまかせる」(3)という方針を決定いたしました。もとより野村大使に内報された甲案、乙案交渉開始の訓電及び追電は、これを全部解読し、それをふまえての決定でありました。

そして「国民に情勢を知らせる言明が絶えず政府筋から行われなくてはならぬ」というその閣議の希望に基づき、十一月十一日第一次大戦休戦記念日にあたり、ルーズベルト大統領は、アーリントン墓地において、「米国は、前大戦において世界の自由とデモクラシーとを擁護するために戦ったが、今や米国は自由を守るためには戦いを敢て辞するものではない」と言明し、ノックス海軍長官も同日対日強硬論を述べたのでありました。

野村大使は十一月七日ハル国務長官、十日ルーズベルト大統領と会談し、交渉に精魂を傾けましたが、米側にとって既に甲案など一顧に値するものではありませんでした。ファイスによれば「事実それは申入れられる前に葬られていた」(4)わけでありました。

問題は米国政府首脳が日本側の甲案、乙案を正確に理解していたかどうかであります。

東京裁判において明らかにされたところによれば、米国の日本暗号解読において日本側原文と解読文とには誤謬《ごびゅう》ないし曲解が驚くべきほど多くあったのであります。

開戦の廟議決定――「ハル・ノート」

野村、来栖両大使がいわゆる「ハル・ノート」を受領して大使館に帰ったのは、日本時間の十一月二十七日午前九時頃――東京・ワシントン間の時差十四時間――でありました。同日午後在米武官電がその要旨を東京へ報じました。参謀本部―事務当局の日誌(5)には次のように記されております。

果然米武官より来電、米文書を以て回答す。いわく

(1)四原則の無条件承認

(2)支那及仏印よりの全面撤兵

⑶国民政府（注　汪兆銘政府）の否認
⑷三国同盟の空文化
米の回答全く高圧的なり。交渉は勿論決裂なり。之にて帝国の開戦決意は踏切容易となれり。

ここで「ハル・ノート」についての唯一の重大な疑問点にふれておきますが、それは「ハル・ノート」のいう「支那」の中に満洲が含まれるかどうかの問題であります。「ハル・ノート」は「臨時に首都を重慶に置ける中華民国国民政府以外の支那に於ける如何なる政府若《もし》くは政権をも支持せざるべし」と要求しておりますが、この参謀本部―事務当局の日誌が単に「国民政府即ち汪兆銘政府の否認」と書き、満洲国政府の否認に言及しておらないのは、支那の中に満洲が含まれぬものと理解していることを物語っております。

それは単なる事務当局の解釈ではありません。十二月一日御前会議における東条首相及び東郷外相の説明[6]でも明らかなように、当時の政府及び陸海軍は、一般に支那の中に満洲は含まれぬものと速断していたのであり、この問題が論議の対象になったことはほとんどありませんでした。満洲国は確乎たる既成事実であり、米国が今更満洲国政府の否認や、関東軍の撤去をも要求するとは考えられなかったのであります。

　しかし十二月一日御前会議の質疑応答において、さすがに原枢密院議長はこの点をつきました。東郷外相の答えは「支那に満洲国を含むや否やにつきましては、もともと四月十六日、米提案（注　東郷外相も野村大使が請訓した「日米了解案」を依然として米提案と誤解している）の中には満洲国を承認するということがありますので、支那には之を含まぬわけでありますが、話が今度の様に逆転して重慶政権を唯一の政権と認め、汪政権を潰すという様に進んで来たことから考えますと、前言を否認するかも知れぬと思います(7)」というのであります。

　事実においては、この「ハル・ノート」の原案は、対日強硬派のモーゲンソー財務長官の特別補佐官ハリ・デキスター・ホワイト氏によって起草されたものでありますが、その原案では「支那（満洲を含む）」となっております。発出にあたりその括弧内が削除されたのは、満洲を含まない意向が示されたともとれますが、含まれるのは自明の理であるから削除されたともとれるものであります。

さて十一月二十八日「ハル・ノート」の全文が関係方面に配布され、二十九日夕刻大本営政府連絡会議が開かれ、全員異議なく対米英蘭開戦を議決いたしました。「ハル・ノート」は、さきに臥薪嘗胆案を支持した東郷、賀屋両文官大臣に対しても、長い間対米戦争に対し消極的であった海軍省首脳に対しても、遅疑逡巡する余地を全く与えなかったのであります。

十二月一日御前会議を開いて天皇の聖断を仰ぐこととし、会議に上程すべき議案を次のようにきめました。

対米英蘭開戦の件[8]

十一月五日決定の「帝国国策遂行要領」に基く対米交渉は遂に成立するに至らず、帝国は米英蘭に対し開戦す。

この日の会議は夕刻でありましたが、極めて静かに進められ、十一月一日の会議のような侃々諤々《かんかんがくがく》の論議は全くありませんでした。誰かが最後に「国民全部が此の際は大石内蔵之助をやるのだ[9]」と言ったことが、印象的に記事に残っております。

東郷茂徳氏（当時の外相）によれば、「自分は眼も暗《くら》むばかり失望に撃たれた。米国の非妥協的態度は予《かね》てから予期したことではあるが、其の内容の激しさには尠《すくな》からず驚かされた」「詳報に接したので、首相、海相及内大臣と特に協議したが、何《いず》れも之では仕方がないではないかとのことであった。米国が今迄の経緯及一致せる範囲を凡て無視し、従来執った最も強硬な態度をさえ越えた要求を茲《ここ》に持出したのは、明かに平和的解決に到達せんとする熱意を有しないものであり、唯日本に全面的屈伏を強要するものである。結局長年に渉《わた》る日本の犠牲を全然無視し、極東に於ける大国たる地位を棄てよと云うのである。然しこれは日本の自殺に等しい⑩」というのであります。

「ハル・ノート」がその内容の苛酷さもさることながら、日本側にとりつく島もない絶望感を与えたのは、「ハル・ノート」が四月中旬以来の交渉経過を全く無視している点にありました。「ハル・ノート」の原案がホワイト氏によってモーゲンソー財務長官に提案されたのが、この年の五月であるといわれますが、それがこの時点に及んで米国政府首脳によってとりあげられた以上、断絶があるのは当然でありましょう。しかも「ハル・ノート」は十一月二十日頃以降問題となった米側暫定協定案の付属書として添付されるべきはずのところ、暫定協定案と切り離して、その付属書がそのまま日本の乙案に対する正式回答として、提示されたのでありました。それは日本をして交渉を断念させる以外の何ものでもありませんでした。

なおこの日の連絡会議において、独伊と単独不講和協定を結ぶ交渉を開始することを決定いたしました。十一月五日の政策に「独伊との提携強化を図る」という一項目がありました。しかし政府は対米交渉を阻害してはならないとして、この措置を進めることを差し控えて来たのでありますが、この十一月二十九日を期して、独伊の対米参戦と日独伊単独不講和協定の締結に関する交渉を開始したわけであります。

開戦への最終調整

武力発動命令の発令

昭和十六年（一九四一年）十一月二十九日午前から午後にわたり、すなわち連絡会議に先立ち、宮中において政府首脳と重臣（内閣総理大臣の閲歴者）及び原枢密院議長との懇談が行われました。和戦の決定にあたり広く重臣の意見を聴くようにという天皇の御要望に基づくものでありました。懇談の途中各重臣は天皇に所信を奏上するところがありました。各重臣の意見を総合大別すれば次のようになります。(11)

(1)交渉が決裂しても開戦せずにこのままの状態で臥薪嘗胆し、他日を期する。近衛前首相を含む一ないし三名。

⑵政府及び大本営が充分研究の上到達した結論であるからこれに従う外はない。三名。

⑶長期戦になると物資補給能力の維持、民心の動向に多分の懸念がある――日本の採るべき方途についての開陳はない。三ないし一名。

⑷この戦争が自存自衛のためであるならば、敗戦が予見されても開戦はやむを得ないと思うが、東亜の安定ないし大東亜共栄圏確立などの理想のために、戦争に訴えるというのであるならば危険千万、同意できない。一名。


十二月一日の御前会議には、政府側は恒例を破って全閣僚が出席いたしました。そのうちの文部、厚生の両大臣は、杉山参謀総長同様敗戦と共に自決してその責に殉じました。議案は問題なく可決され、間もなく天皇の裁可が下りました。

会議の終わりに原枢密院議長が述べた所見は次の通りでありました。「帝国は対米交渉に就《つい》ては譲歩に次ぐに譲歩を以てし、平和維持を希望した次第でありますが、意外にも米の態度は徹頭徹尾蔣介石の言わんとする所を言い、従来高調した理想論を述べているのでありまして、其の態度は唯我独尊、頑迷不礼でありまして、甚だ遺憾とする所であります。斯《か》の如き態度は我国としてはどうしても忍ぶべからざるものであります。若しこれをしも忍ぶと致しましたら、満洲事変の結果を放棄するばかりでなく、日清、日露両戦後の成果をも一擲《いってき》しなければならぬことになり、之はなんとしても忍ぶべからざる所であります。特に丸四年以上の支那事変を克服して来た国民に対し、更に此上相当の苦難に堪えしむることは誠に忍びないことと考えます。然しながら帝国の存立をも脅かされ、明治天皇御事蹟をも全く失うことになりまして、この上、手を尽すも無駄であることは明かであります。従って先の御前会議決定通り開戦も止むなき次第と存じます(12)」というのであります。

陸海軍の作戦部隊は十二月一日までまだ作戦準備の段階にありました。すなわち陸軍にあってはさきにふれたように、十一月六日初めて作戦軍の戦闘序列が下令され、十一月十五日これらに対し南方要域攻略の作戦任務が付与されましたが、その進攻作戦の開始は保留されておりました。海軍にあっても作戦部隊例えば真珠湾攻撃部隊についていえば、「待機地点」たる南千島またはマーシャル群島を出港して「作戦海面」たる真珠湾近傍《きんぼう》に向かいつつありましたが、これらに作戦任務はまだ付与されておりません。単にいわゆる開戦準備の配置につきつつあるに過ぎません。もとより対米交渉が妥結すれば帰投することになっておりました。

十二月一日御前会議により今や開戦の廟議《びょうぎ》が決定いたしましたので、同日午後及び翌二日再度にわたり陸海軍両統帥部長は列立して、陸軍にあっては作戦実施命令（進攻作戦開始命令）、海軍にあっては作戦任務命令及びそれに次ぐ武力発動命令の允裁《いんさい》を仰ぎました。かくて初めて十二月一日連合艦隊司令長官に対する作戦任務が下令され、翌二日陸海軍作戦部隊に対し、十二月八日を期しての進攻作戦開始または武力発動の命令が発令されたのでありました。

交渉打切通告——宣戦通告

十一月二十九日の連絡会議において、「米に対するこれからの外交を如何にするかについて」次のような応酬がありました。[13]

東郷　仕方がないではないか。
某　戦争に勝てる様に外交をやられ度《た》い。
東郷　外交をやる様な時間の余裕があるのか。
永野　まだ余裕はある。
東郷　開戦日を知らせろ、之を知らなければ外交は出来ない。
永野　それでは言う。八日だ、未だ余裕があるから、戦に勝つのに都合のよい様に外交をやって呉《く》れ。

これは統帥部なかんずく海軍統帥部が開戦企図を秘匿するために、依然交渉を継続しているというゼスチュアーを取るよう要求し、東郷外相が開戦予定日までにまだかなりの日数があることを初めて知って、いささか当惑したであろうことを物語っております。もっとも東郷外相は既に十一月二十八日野村大使に対し、「ハル・ノート」に対する出先の応酬振りについて、「交渉決裂の印象を与うることを避ける」趣旨の訓令を打電済みでありました。

十二月四日の大本営政府連絡会議において、東郷外相は俄然《がぜん》対米外交打切通告を事前に行うことを提議いたしました。それは「ハル・ノート」に関する報告電報の直後、野村大使からも進言があったことでありました。陸海軍統帥部には不満がありましたが、事前に通告を行うことに決し、通告文は外相に一任し、打電及び先方に手交する日時は、外相と統帥部とが協議してきめることになりました[14]。

作戦計画では真珠湾空襲日時は、ワシントン時間十二月七日午後一時三十分（東京時間十二月八日午前三時三十分）であり、通告はその三十分前のワシントン時間十二月七日午後一時（東京時間十二月八日午前三時）ときめられました。いったん一時間前ときめられましたが、海軍側は後に三十分前と短縮したのでありす。もとより東郷外相は真珠湾攻撃など夢にだに知らされていませんでした。

十二月六日の大本営政府連絡会議において、通告文並びに発電及び通告日時の決定につき報告が行われ、全員の了承するところとなりました。この間通告文につき、海軍省事務当局から、その末尾の文章からして、これでは宣戦通告にならぬ旨の異議が、外務当局になされたようであります。一般特に陸海軍においては、宣戦布告、最後通牒、外交打切通告等に関する知識が欠けておりました。東郷外相が明治四十五年（一九一二年）日本も批准したところの「開戦に関する条約」に基づき、宣戦通告を行う考えを全く持たなかったものか、この場合外交打切通告は少なくとも実質上の宣戦通告に該当すると考えたものか明らかでありません。

外交打切通告は三つの電報を以て訓令されました。第九〇一号電が予告電、第九〇二号電が通告文そのものであります。その第九〇二号電は一四通に区分され、第一四通目が通告文の最後の項で、その末尾が「斯くて日米国交を調整し、合衆国政府と相携えて太平洋の平和を維持確立せんとする帝国政府の希望は遂に失われたり。仍《よつ》て帝国政府は玆《ここ》に合衆国政府の態度に鑑み、今後交渉を継続するも妥結に達するを得ずと認むるの外なき旨を、合衆国政府に通告するを遺憾とするものなり」となっているのであります。

そして三つ目の第九〇七号電が、「本件対米覚書貴地時刻七日午後一時を期し米側に（成るべく国務長官に）貴大使より直接御手交あり度し」と覚書手交時刻を指令したものでありました。

日本の中央電信局はこの第九〇一号電と第九〇二号電の最初の一三通を、十二月六日午後九時十分から七日午前一時五十分までの間に、米国向け発電を終わりました。そして肝心の第九〇二号電の第一四通を、七日午後五時MKY（マッケイ無線電信会社）経由及び午後六時RCA（米国ラジオ会社）経由で発電し、第九〇七号電を同日午後六時三十分MKY経由、午後六時二十八分RCA経由で発電したのでありました。

当時の外務省電信課長亀山一二氏によれば、電報はワシントン時間で次のような日時に、日本大使館に到着していたはずであります。

第九〇一号　十二月六日午前十時
第九〇二号　同日午前十一時ないし午後三時
第九〇二号の第一四通　十二月七日午前六時ないし七時
第九〇七号　同日午前七時三十分頃

このように外務省当局の措置は綿密周到至れり尽くせりというべきでありまし

て、ワシントン時間十二月七日午後一時の外交打切通告は充分間に合うはずでありました。

しかるに対米覚書が、野村、来栖両大使からハル国務長官に手交されたのは、午後二時二十分であり、それより早くも一時間前（ハワイ時間七日午前七時五十分、東京時間八日午前二時五十分）ハワイ空襲は開始されておりました。それは全く大使館事務当局の手違いに起因するものでありました。ビュートウ氏によれば、「日本政府の官憲によって嘗《かつ》て行われた失態の中でも最も高価についたものの一つ」でありました。

もっとも米国政府首脳が、マジック情報により、これら一切の電報を日本大使館に先立ち、承知していたことは、衆知の通りであります。

終章

回顧よりの教訓

大東亜戦争の戦争性格

しめくくりとして教訓の若干について申し上げたいと存じます。

まず初めに、大東亜戦争を総括いたしまして、所見を述べたいと思います。

第一に、大東亜戦争は日本にとって自存自衛の受動戦争であって、米国を敵とした計画戦争ではなかったということ。

第二に、最終努力として、日本側から米国に首脳会談を要請した昭和十六年（一九四一年）八月、または、東条内閣において国策の再検討が行われていた同年十一月に日米両国の首脳が会談を行い、戦争を回避すべきであったということ。しかし、八月には米国が要請を拒絶し、十一月の時点では八月の経緯が尾を引いて、日本側に再度首脳会談を要請する空気が生まれなかった。このように日本のリーダー層が開戦間際まで戦争回避の努力を懸命にしていたにもかかわらず、これが適《かな》わなかった事は誠に残念であった。

第三に、戦争の責任は日本に一方的にあるのではなく、東京裁判においてインドのパール判事が「在外資産の全面凍結などで日本を窮地に追い込んだ」と指摘したごとく、米国にも戦争の責任はあるのではないか、ということであります。

以上を踏まえ、以下に七つの教訓を述べていきます。

教訓一　賢明さを欠いた日本の大陸政策

教訓の第一は、いわゆる大陸政策の功罪についてであります。

日本側の立場から見ると、大東亜戦争の動機はハード面では米国の対日全面禁輸、特に石油の供給停止であり、ソフト面から見ると「ハル・ノート」に示された米国による日本の大陸政策否定、つまり国家の威信の全面否定にあると考えられます。米国による日本の大陸政策否定は、「ハル・ノート」の各条項がこれを示しているばかりでなく、その冒頭にかかげられたいわゆる「ハル四原則」が、端的にこれを物語っております。昭和十六年（一九四一年）八月、日米巨頭会談の実現に焦慮する近衛首相が、グルー米大使に対し、「ハル四原則」につき「主義上異存なし」と述べたことが後日問題化し、また東条内閣の対米交渉甲案において、「ハル四原則」を日米間の正式妥結事項に含ましめることを、極力回避することとしたのも、それが大陸政策の否定に連なるからでありました。

ともあれ日本の大陸政策に対し、今日の時点において今日の価値観に基づいて断罪を下すことは極めて容易でありましょう。しかし歴史としては日本が歩んで来た大陸政策のよって来たる由来を、当時の時点においてとらえることを重視しなければならぬと考えます。

既に申し上げましたように、明治維新（一八六八年）当時における日本の国防環境は重大でありました。インドを併合して清国を植民地化した英国と、沿海州を割取し樺太、千島、カムチャッカに進出した露国、すなわち世界の二大強国が、二百五十年にわたる鎖国桃源の夢の醒め切らない日本に対し、南北二正面から迫って来ていたのであります。

徳川幕府末期の思想家橋本左内は日露結んで英国に対すべしと提言いたしましたが、明治政府は日英結んで露国にあたったのでありました。

このような存亡の危機において、韓国も清国も、国家としての自衛独立の機能に欠如し、主権国家としての責任遂行能力をもっておりませんでした。特に清国は露国の満洲（現在、中国の東北地方）占領を放任するのみならず、満洲経由韓国への侵略も拱手《こうしゅ》傍観するのみでありました。日清、日露戦争は日本にとってみますと、国防上のやむを得ざる受動的戦争、すなわち明治の時代（十九世紀）における日本の大陸政策は、国防上の必要に基づく防衛圏の大陸推進であり、それは明治日本の国是たる「開国進取」の政策的発展でありました。

日露戦争勝利の結果日本が満洲において獲得した権益は、露国から移譲されたものが主であり、当時の戦争終結の通念からして戦勝国に与えられるべき権益として世界はこれを明らかに肯定したものでありました。

その後、この権益の確保拡充を中心として、日本の大陸政策は政治的、経済的、軍事的勢力圏設定へと変貌し、勢いの赴く所満洲事変となり、支那事変へと発展したわけであります。

しかしその背景には第一に、日本の国土狭小、資源貧弱、人口過多という国家存立上の当時としては半絶望的条件を、大陸発展により克服しようとする国民的意欲の勃興がありました。

さらに、世界経済恐慌の波及と世界経済ブロック化の趨勢が、ますます日本と大陸との結合関係を促進し、日満支ブロック経済の確立が国家の存立上不可欠の要件なりとするに至ったことであります。

その上さらに、対ソ防衛圏の前縁を満ソ国境線に推進することにより、日本本土自体の国防を完《まつと》うするばかりでなく、東亜の安定を確保することが、日本の使命と考えられたことであります。

第四に、当時の中国の実体が、なお近代国家として未完成の域にあったことであります。従って中央政令の徹底が不十分であるため地方的処理の必要があったこと、治安の不安定、軍隊の不統制のため、在留邦人の生命財産または権益の擁護に日本が自国軍隊による現地保護の措置が必要であったことなど、中国の特殊事態をも指摘しなければなりません。しかも当時の中国の為政者は近代国家統一政策の手段として、国権回収、排外思想を強く鼓吹するのを常としていたのであります。そして戦後日本の代表的指導者であった幣原喜重郎氏が、当時外務大臣として平和協調外交を強調されるに対し、間もなくその外務次官に就任した吉田茂氏が武力強硬外交を主張するという時代であったのであります。

かくてこの大陸政策は国民的合意を得たものでありました。昭和十六年（一九四一年）十一月東条内閣の国策再検討の結論を求める大本営政府連絡会議において、対米妥協屈伏を伴う臥薪嘗胆案を、本来戦争回避を願う東郷、賀屋両文官大臣が意外にも言下に否定したことは、大陸政策に対する国民的熱意を物語るものでありましょう。昭和十六年（一九四一年）十月二日付米側の口上書をめぐって、和戦の論議が沸騰したときにおける木戸内大臣の日記（十月九日）、「日米交渉に関する豊田外務大臣所信」及び「現下国際情勢に処する帝国外交方針天羽《あもう》外務次官意見」（共に十月十三日）は、いずれも戦争回避を趣旨としながら、大東亜新秩序建設または大東亜共栄圏建設の堅持を強調しているのであります。

当時米国または英国においては、日本における軍の強硬分子にとってかわる協調分子の台頭により、日米英関係が好転するかも知れぬことを、指摘する向きがあったようでありますが、それは日本の実状に対する認識が不十分であり、大陸政策に対する日本国民の合意を的確に把握していなかったものと考えます。

しかしこの大陸政策が中国ばかりでなく米国によっても否定され、戦争となりました。そして日本はすべてを失いました。結果論として様々な事情があったにせよ私は日本の大陸政策はその限界、方法、節度のプロセスにおいて賢明でなかったと断ぜざるを得ません。

教訓二　早期終結を図れなかった支那事変

教訓の第二は、もし日本の大陸政策が有終の美を収め得るチャンスがあったとすれば、それは満洲事変から支那事変への移行を絶対に防止し、万やむを得ざるも支那事変から大東亜戦争への発展を絶対に阻止すべきであったということでありましょう。

私の尊敬するある先輩は、満洲事変は万里の長城の山海関を越えたるがゆえに支那事変へ移行し、そして、仏印国境の鎮南関を越えたるがゆえに大東亜戦争へ発展したと歎息《たんそく》いたしました。あの不用意な北支工作が支那事変を誘発し、かの洞察を欠いた北部仏印進駐（続いて南部仏印進駐）が大東亜戦争への悲劇の扉を開いたことはここに多言を要しません。

陸軍中央部としては中央施策による満洲事変の終末指導に全力を傾けると共に、現地軍の北支工作をその理由のいかんを問わず断乎としてこれを禁止し、長城以南の中国本土には一指をも触れさせない強力な指導が必要でありました。それがためにはトルーマン大統領によるマッカーサー将軍解任というような人事の大英断をも必要としたでありましょう。そして二十年、三十年かけてひとえに満洲国の育成強化に専念すべきでありました。

不幸にして支那事変への発展拡大を余儀なくされましたが、それでも陸軍中央部としては「支那事変は満洲事変の終末戦なり」という透徹した認識——参謀本部戦争指導当局の主任者はこの考えでありましたが、大勢としては少数派でありました——の下に、対支戦争目的を主として満洲国承認の一事に限定し、あくまで蔣介石政権を相手とする交渉により、早期全面和平を策すべきであり、昭和十五年（一九四〇年）春夏欧州戦局激動の時にこそ、断乎としてこの施策を強力に進め、例えば在支占領兵力大部分の撤収を策するなど支那事変の早期終結を図るべきでありました。

そして満洲の天地に建国の理想たる五族（満・蒙・漢・鮮・日）協和のいわゆる王道楽土が名実共に建設されるならば、それはわが大陸政策の成功であったでありましょう。また、東亜の安定にとって大きな貢献をしたであろう。満洲建国には地理的、民族的、歴史的、思想的にその可能性があったと思われます。

教訓三　時代に適応しなくなった旧憲法下の国家運営能力

教訓の第三は、明治憲法下における天皇による政治権力の運営統制機能が、昭和の動乱時代には適応しなくなったことであります。

既に申し上げましたように、明治憲法下においては統帥権も行政権も司法権も立法権も、天皇に集中帰一しておりました。すなわちこれら政治権力の運営統制機能は、最終的には天皇の掌握されるところであったわけであります。

もとよりその統帥権または行政権の執行を輔佐する機構として、陸海軍統帥部長または各国務大臣が置かれましたが、これら輔佐者全員が各個に天皇に直接隷属し、統帥権または行政権を一括して統制輔佐するような機構が存在しなかったことは、既にご説明の通りであります。

すなわち明治憲法はその運営統制機能を、天皇自らが直接果たされる建前になっていたのでありますが、それは本来不可能なことでありました。しかるに明治憲法公布後間もなく日清、日露戦争という非常の事態が発生しましたが、その運営統制機能がおおむね適切に果たされたことは、実に「元老」の存在に負う所が大であったと考えます。

明治維新の勲功顕著な者を、天皇の特旨を以て「元勲」に叙し、元勲に叙せられた者を元老と称しました。これは憲法または法律に基づかない慣習的存在でありました。日露戦争開戦のときには山県有朋公、伊藤博文公を始めとする六人の元老がおり、参謀総長の大山巌《おおやまいわお》公も元老の一人でありました。従って対露和戦の鍵は元老が握っていたのでありました。元老は元老会議を開いて国事を議するの外、随時内閣との会議を行い、また御前会議には出席するを常としておりました。

かくて元老が天皇に代わって実質的に統制機能を果たし、憲法における日本の政治権力の構造的欠陥をカバーして来たのでありました。

しかし昭和の時代に入り、昭和十五年（一九四〇年）末、最後の元老西園寺《さいおんじ》公望《きんもち》公が死去するまで、一人の元老がいたわけでありますが、その運営統制機能の発揮は内閣更迭の際における後継首班の選定に止まりました。従って天皇は各輔佐機構相互間の合意の成立をまって、執行を命ぜられるのを常とされました。そこに陸軍と海軍の対立、統帥部と政府の不調和、計画の一貫統一性の欠如、権力の分散に伴う責任所在の不明確があったことは、先刻ご説明の通りであります。

戦後、世上東条独裁を指摘する向きがありますが、昭和十九年（一九四四年）七月米軍のマリアナ群島来攻による戦局悪化に伴い、東条首相が遂に内閣を投げ出した直接の動機は奇妙なものでありました。

すなわち東条首相は重臣（元老ではなく、首相閲歴者）らの倒閣の動きに対し、依然政局を担当する考えで、重臣二名を入閣させて内閣を補強する工作を進めました。重臣入閣のためには国務大臣のポストを空けなければならず、そこで当時軍需次官――軍需大臣は東条首相兼務――でありながら国務大臣であった岸信介氏――戦後日米安保改定当時の首相――に国務大臣の辞任を求めたところ、岸氏は辞職を拒否し、東条首相は内閣総辞職のやむなきに至ったのであります。これは木戸内大臣が重臣中の和平グループと共に計った倒閣工作であり、岸氏はそのグループにいたわけでありますが、戦争遂行の非常事態において、東条首相でも一国務大臣のポストを自由にできなかったという明治憲法の実体に着目する必要がありましょう。

これに対し、天皇がおおむね象徴的存在に止まられ、行政権力が、国民と議会の審判に堪え得る内閣総理大臣に、集中的に帰属している現行憲法の規定は、この点に関する限り、当を得たものだと思います。

教訓四　軍事が政治に優先した国家体制

教訓の第四は、政治が軍事を支配せずして、むしろ軍事が政治を支配した軍事優先の国家体制であったことであります。

問題は明治憲法による統帥権の独立に発しております。これにより陸海軍統帥部は用兵作戦を統帥部の専管事項であるとして、総理大臣を含む政府首脳にも関知させませんでした。総理大臣に対し国防方針は開示されましたが、用兵綱領は開示されなかったのであります。年度作戦計画はもとよりであります。政戦両略統合のため、用兵作戦事項中、統帥部が政府のため必要と認める部分を政府首脳に開示する場合でも、最小限に止められ、開戦当時東郷外相が外交と密接に関係する開戦日時すら、要求するまで知らされなかったことは、既にご説明の通りであります。

そして統帥権が独立している以上、政略と、軍事戦略との統合を必要とする国家意志の決定が、政府と統帥部との協議決定にまたなければならぬことは当然であり、しかも軍事戦略を伴う国家意志の決定が、ややもすれば統帥部の実質的イニシアチーブによって行われることが少なくありませんでした。昭和十五年（一九四〇年）春夏欧州戦局激動の頃から、大東亜戦争開戦に至るまでにおいて、政府がイニシアチーブを取ったのは日独伊三国同盟の締結だけでありました。

さらに問題を複雑ならしめたのは、明治憲法による軍隊編制権の陸海軍大臣管掌と、陸海軍省官制の定める陸海軍大臣の現役武官制でありました。

特に不適当であったのは陸海軍大臣の現役武官制であり、なかんずく陸軍は陸軍の抱懐する構想と政見を異にする内閣を、要すれば打倒し得たわけであります。それにはもとより国民世論の支持が必要でありました。私は旧軍時代における国家制度上の一大問題点は、この陸海軍大臣現役武官制であったと考えます。

かくて日本における政治に対する軍事の優先は、その根拠において、憲法または法令に一応の基礎を置くものであり、加えるに昭和七年（一九三二年）における五・一五事件、昭和十一年（一九三六年）における二・二六事件等の結果、すなわちテロの脅威が、政治に対する軍事優先にさらに拍車をかけたといえるでありましょう。

教訓五　国防方針の分裂

教訓の第五は、明治時代にさかのぼる国防方針の分裂であります。

明治以来露国を想定敵国として、営々対ソ軍備の建設に努めて来た陸軍が、対米主戦論に傾き、一方明治以来米国を想定敵国として、営々対米軍備の建設に努めて来た海軍が、対米慎重論に傾くという、誠に奇妙な状態を露呈いたしました。それは陸軍にあっては明治以来自ら主となって推進して来た大陸政策が、米国によって否定されたからであり、海軍にあっては本来米国と戦う意志が薄かったからであろうと考えます。

大陸政策は「開国進取」という明治の国是に基づく政策発展であり、大正、昭和の時代を通じて一貫した国策でありました。陸軍はその推進力を以て自他共に任じましたが、海軍は陸軍に対するパリティ思想からこれに同調しただけであり、大陸政策にはあまり熱意はありませんでした。

しかもその海軍は既にふれましたように、米国を真の想定敵国としたのではなく、時には軍備建設のための目標にしたに過ぎないのであり、海軍自体も実は本来米国との戦争などほとんど予見していなかったものと考えられます。明治四十年（一九〇七年）から大正時代を経て昭和の初め、否大東亜戦争開戦に至るまで、日本国民の大部分は米国との戦争などほとんど考えていなかったのでありました。従って海軍は折々不脅威、不侵略の軍備たることを呼号いたしましたが、今日いうところのいわゆる抑止軍備論を狙ったものでありましょう。

しかし戦争抑止軍備が時に戦争促進軍備になることは——核軍備については別として——軍備が持つ慣性のしからしむるところであります。日本海軍もその轍をふんだのであり、特にそれに拍車をかけたのが、昭和十五年（一九四〇年）八月末の海軍の実質的出師《すいし》準備第一着手発動でありました。

いずれにいたしましても明治四十年（一九〇七年）の国防方針策定以来、陸海軍間に国防方針の完全なる思想的背離があり、陸海軍が自軍軍備の建設に注力し、自軍軍備建設に好都合な国是国策の決定推進を主張して対立を続け、極言すれば自軍軍備あるを知って国家あるを知らざるの状態が続いたことは、誠に悲劇であったと言わざるを得ません。

教訓六　的確さを欠いた戦局洞察

教訓の第六は、戦局の将来を的確に洞察することが、いかに至難であるかということであり、戦争指導ないし最高統帥の最大使命が、戦局の洞察にあるということであります。

日本の最高統帥部は、昭和十二年（一九三七年）、蔣介石氏直系の中国軍に一大打撃を加えれば、支那事変は早期に解決できると楽観し、昭和十五年（一九四〇年）夏英軍がダンケルクから撤退するや、ドイツによる欧州の制覇は今や決定的であり、大英帝国は遠からず崩壊するであろうと判断し、昭和十六年（一九四一年）六月独ソ開戦するや、ドイツの圧倒的優勢による独ソ戦の短期終結――シャーウッド氏の「ルーズベルトとホプキンズ」によれば、米陸軍当局も最小限一カ月最大限三カ月、米海軍当局も六週間ないし二カ月で終結すると大統領に報告したようであります――を期待したのでありました。

さらに致命的な誤判を申し上げるならば、大東亜戦争開戦にあたり、対米英蘭作戦に充当する陸軍兵力は、一一個師団基幹を以て足り、しかも南方要域攻略作戦終了に伴い、そのうち数個師団は北方または中国戦線に転用し得ると計画したことでありました。すなわち太平洋正面の作戦の運命は、ひとえに大艦巨砲による艦隊決戦によって決せられ、大きな陸軍兵力を必要としないと判断したのであります。

しかるに昭和二十年（一九四五年）終戦時太平洋戦面において、主として米軍と相対した総兵力は、実に約一〇〇個師団以上の多数に及んだのであります。米軍の対日反攻は大艦巨砲にあらずして、航空勢力を骨幹とする陸、海、空、海兵、四軍の統合戦力による島から島への躍進であり、かのソロモン、ニューギニア、グアム、フィリッピン、沖縄等への躍進的上陸となり、それぞれの地において、陸戦が大規模に行われたのでありました。

教訓七　実現に至らなかった首脳会談

教訓の第七として最後に申し上げたいことは、国家間における話し合い、特に責任ある首脳会談の重要性であります。これにより外交破局即戦争という事態は回避し得る場合が少なくないと考えられます。

昭和十六年（一九四一年）八月、近衛首相提案の日米首脳会談が米側の拒絶により実現に至らなかったこと、および東条内閣発足後、国策再検討を行っていた頃に会談が行われなかったことは、今日からみて誠に残念であり、もし実現しておれば日米の破局＝戦争はあるいは回避し得たかもしれないと申せましょう。

それは当時日米両国共にまだ戦争へとは考えていなかったと思考されるからであります。また、日本側としても昭和十六年（一九四一年）は対米戦争決断の折、今一度両国首脳会談を執拗に提案し、破局の打開を希求すべきであったと今日考えられるのであります。

〈注〉

第一章

（1）参謀本部第二〇班（戦争指導）保管の「御下問奉答綴」掲記、防衛庁防衛研究所戦史室〈以下戦史室と略称〉所蔵

同じ趣旨のことが日米交渉に関する近衛公爵手記（以下「近衛手記」と略称する。当時の近衛公秘書牛場友彦氏が執筆を補佐した）にも掲載されている

（2）同右「近衛手記」掲載

第二章

（1）林房雄著『大東亜戦争肯定論』三〇頁掲記、番町書房発行、昭和三十九年（一九六四年）八月

（2）防衛研究所戦史室著『戦史叢書大本営陸軍部(1)』（以下『大本営陸軍部(1)』と略称）九〇～九一頁掲記、朝雲新聞社発行、昭和四十二年（一九六七年）九月

（3）同右書九六～九七頁掲記

（4）ルイス・モートン著『第二次大戦米国陸軍公刊戦史』太平洋戦争の部「戦略と指揮」第1部「戦争への道」掲記

（5）外務省編『日本外交年表竝主要文書』上巻掲記、日本国際連合協会発行、昭和三十年（一九五五年）

（6）大正十年（一九二一年）五月十七日閣議決定（前掲書『大本営陸軍部(1)』二六一頁掲記

(7) 同右書二八五頁掲記
(8) 前掲戦史室所蔵
(9) 同　右
(10) 同　右

第三章

(1) 日露戦争直後の田中義一中佐（後の大将、総理）の「随感雑録」掲記、前掲戦史室複製所蔵
(2) 前掲書『大本営陸軍部(1)』一四六〜一四七頁掲記
(3) 明治四十年（一九〇七年）「帝国国防方針、国防に要する兵力及帝国軍用兵綱領策定顚末概要」掲記、前掲戦史室所蔵
(4) 同　右
(5) 同　右
(6) 同　右
(7) 前掲書『大本営陸軍部(1)』二一九頁、二二一頁掲記
(8) 大正十二年（一九二三年）改訂「帝国国防方針」掲記、前掲戦史室所蔵
(9) 同　右
(10) 前掲書『大本営陸軍部(1)』二四六頁掲記
(11) 同　右
(12) 昭和十一年（一九三六年）改訂「帝国国防方針」掲記、前掲戦史室所蔵
(13) 同　右

第四章

（1）前掲書『大本営陸軍部(1)』三三八頁掲記
（2）同右書三五〇頁掲記
（3）同　右
（4）同右書三六三頁掲記
（5）同右書三七三頁掲記
（6）同右書三八〇頁掲記
（7）同右書三九〇頁掲記
（8）堀場一雄著『支那事変戦争指導史』六六〜六八頁掲記、時事通信社発行、昭和三十七年（一九六二年）九月
（9）中国戦史主任編纂官陳述、前掲図書館所蔵
（10）前掲書『支那事変戦争指導史』八三頁掲記
（11）前掲書『大本営陸軍部(1)』四三二頁掲記
（12）同右書四三四頁掲記
（13）同右書四四三頁掲記
（14）同右書四五七頁掲記

第五章

（1）前掲戦史室史料
（2）『東京朝日新聞』掲載

(3) 参謀本部第二〇班保管「大本営政府連絡会議決定綴」(以下「連絡会議決定綴」と略称) 掲記、前掲戦史室所蔵
(4) 前掲『日本外交年表竝主要文書』掲記
(5) 「日独伊同盟条約締結要録」(斎藤良衛顧問執筆) 掲記、前掲戦史室複製所蔵
(6) 参謀本部第二〇班保管「御前会議議事録」掲記、前掲戦史室所蔵
(7) 深井英五著『枢密院重要議事覚書』掲記、岩波書店発行、昭和二十八年(一九五三年) 三月
(8) 前掲「御前会議議事録」掲記
(9) 前掲戦史室史料
(10) 同　右
(11) 六月二十一日米側「日米了解案」にそえられたハル国務長官のオーラル・ステートメントに関する野村大使電、後出
(12) 前掲戦史室史料
(13) 前掲「近衛手記」掲記
(14) ハーバート・ファイス著『真珠湾への道』掲記、みすず書房発行、昭和三十一年(一九五六年)
(15) 前掲戦史室史料
(16) 同　右
(17) 同　右
(18) 同　右
(19) 同　右

(20) 第二次大戦における米国統合陸海軍基本戦争計画
(21) 前掲戦史室史料
(22) 前掲「連絡会議決定綴」掲記
(23) 前掲戦史室史料
(24) 同　右
(25) 参謀本部第二〇班保管「大本営政府連絡会議議事録（杉山参謀総長がメモしてきたものに基づいて口述した議事経過を第二〇班長が筆記整理したもの、以下『杉山メモ』と略称する）掲記、前掲戦史室所蔵

第六章

(1) 外務省外交史料館（以下「外交史料館」と略称）所蔵
(2) 前掲『杉山メモ』掲記
(3) 参謀本部第二〇班の業務日誌「機密戦争日誌」掲記、前掲戦史室所蔵
(4) 前掲外交史料館所蔵
(5) 前掲戦史室史料
(6) 同　右
(7) 同　右
(8) 同　右
(9) 前掲「機密戦争日誌」掲記
(10) 前掲戦史室史料

(11) 前掲『杉山メモ』掲記
(12) 前掲外交史料館所蔵
(13) 前掲『杉山メモ』掲記
(14) 前掲「御前会議議事録」掲記
(15) 岩畔少将手記「私が参加した日米交渉」前掲戦史室所蔵及び井川忠雄手記「悲劇の日米交渉秘話」、『日本週報』掲載、昭和三十一年(一九五六年)に拠る
(16) 同右戦史室史料
(17)『米国の対外関係、一九四一年第四巻極東』掲記、米国務省発行
(18) 前掲「悲劇の日米交渉秘話」掲記
(19) 野村大使電第二三三号、前掲外交史料館所蔵
(20) 同右外交史料館所蔵
(21) 前掲戦史室史料
(22) 前掲『杉山メモ』掲記
(23) 前掲外交史料館所蔵
(24) 前掲「近衛手記」掲記
(25) 近衛史料、前掲戦史室複製
(26)『木戸幸一日記』掲記、東京大学出版会発行、昭和四十一年(一九六六年)七月
(27) 富田健治著『敗戦日本の内側』一七二〜一七三頁掲記、古今書院発行、昭和三十七年(一九六二年)七月

(28) 矢部貞治著『近衛文麿』近衛文麿伝記編纂刊行会発行、昭和二十六年（一九五一年）十一月
(29) 前掲「近衛手記」掲記
(30) 前掲戦史室史料
(31) 野村電第七〇六号掲記、前掲外交史料館所蔵
(32) 同右外交史料館所蔵
(33) 野村電第七五二号掲記、同右外交史料館所蔵
(34) 同右第七五六号掲記
(35) 前掲戦史室史料

第七章

(1) 前掲書『真珠湾への道』掲記
(2) 「御下問奉答綴」掲記、前掲戦史室所蔵
(3) 前掲『杉山メモ』掲記
(4) 前掲「連絡会議決定綴」掲記
(5) 前掲「機密戦争日誌」掲記
(6) 同　右
(7) 前掲戦史室史料
(8) 前掲『杉山メモ』掲記
(9) 前掲「御下問奉答綴」及び当時参謀本部第一部長であった田中新一中将の当時の日誌に基づく手記に拠る

(10) 前掲戦史室史料（石井大佐手記）
(11) 前掲「連絡会議決定綴」掲記
(12) 米国務省極東部の日本課長バレンタイン氏が九月二十三日までに日本の巨頭会談提唱に対する米側の回答要領を起草した四つの案のうちの第二案が採用されたが、その第二案の趣旨が本文記述のようなものである
(13) 前掲『杉山メモ』掲記
(14) 前掲戦史室史料
(15) 討議経過は主として前掲戦史室史料（参謀本部第二〇班保管史料及び陸軍省政策立案者石井大佐覚）及び前掲書『敗戦日本の内側』に拠る
(16) 木戸内大臣執筆「第三次近衛内閣更迭の顚末」掲記、前掲戦史室複製所蔵、昭和十六年（一九四一年）十一月
(17) 前掲戦史室史料
(18) ジョセフ・グルー著『滞日十年』掲記、毎日新聞社発行、昭和二十三年（一九四八年）十一月
(19) 前掲『杉山メモ』掲記
(20) 会議経過は、同右『杉山メモ』及び同『杉山メモ』に綴込まれている「十一月二日両総長及総理列立上奏に方り総理上奏資料（武藤軍務局長起草）」に拠る
(21) 東郷茂徳著『時代の一面』二二〇頁掲記、改造社発行、昭和二十七年（一九五二年）
(22) 前掲戦史室史料（石井大佐手記）
(23) 前掲「御前会議議事録」掲記

(24) 東郷外相発第七四三号電掲記、前掲外交史料館所蔵

第八章

(1) 来栖三郎著『日米外交秘話』二四頁及び二六頁掲記、文化書院発行、昭和二十四年(一九四九年)十月
(2) 同　右
(3) 前掲書『真珠湾への道』掲記
(4) 同　右
(5) 前掲「機密戦争日誌」掲記
(6) 前掲「御前会議議事録」綴込の「内閣総理大臣説明」及び「外務大臣説明」のいずれでも満洲国政府の否認に言及しておらない
(7) 同右「御前会議議事録」掲記
(8) 同　右
(9) 前掲『杉山メモ』掲記
(10) 前掲書『時代の一面』二三八〜二四〇頁掲記
(11) 東京裁判における東条英機宣誓供述書、前掲『木戸幸一日記』及び前掲「御下問奉答綴」に拠る
(12) 前掲「御前会議議事録」掲記
(13) 前掲『杉山メモ』掲記
(14) 同　右

本書出版にあたり、ハーバード出講時、同大学との連絡、講演ドラフト作成、今次の出版等に協力していただいた原四郎君（陸士同期の盟友、故人）、室伏稔君（当時、伊藤忠商事ニューヨーク駐在員、現在同社会長）、酒井隆君（当時、伊藤忠商事スタッフ、故人）、森岡正憲君（当時、伊藤忠商事スタッフ、現在同社幹部）、森松俊夫君（(財)偕行社幹部）、中沢直樹君（ＰＨＰ研究所）、深田洋君（伊藤忠商事スタッフ）等に心から謝意を表し、今は亡き方々に対し謹んでその御冥福をお祈り申し上げたい。

解説

渡部昇一

「岡目八目」という言葉がある。碁や将棋は、指している対局者よりも、傍《はた》で見ている人の方がよく局面が見えることがある、ということを言ったものであろう。そしてそういうことは素人の碁・将棋にはよくあることで、傍で見ている人間がついつい口を出してしまうことにもなる。しかし本当の棋士がタイトルを賭けて勝負する時、傍の者が口を出す隙はほとんどないのではないか。盤面に最も集中してあらゆる手を考えているのは対局中のプロなのであるから。

この前の大戦争についてもいろいろな立場から書かれた研究書や体験記や回想録がそれこそ汗牛充棟《かんぎゅうじゅうとう》も啻《ただ》ならぬほど多くあるが、本当にあの大戦争の中枢の中枢にいた人、つまり対局の当人に当る人の書いたものはほとんどないのである。当時の日本にあっては、実際の戦争計画を立てる中心は陸軍にあっては大本営の作戦部であった。同じ大本営の中でも作戦部には他の部局の人は足を踏み入れることができなかったとも聞いている。この大本営作戦部にシナ事変勃発二年後の昭和十四年（一九三九年）の年末から、終戦の年の昭和二十年（一九四五年）七月まで参謀将校として勤務し、シナ大陸やビルマ（現ミャンマー）、マレーを含む南方諸地域にわたる広大な戦場で戦う日本陸軍の全軍作戦の企画・立案・指導に当ったのが瀬島龍三氏であった。しかし瀬島氏は終戦直前の満洲に関東軍参謀として転出し、終戦後は十一年間ソ連に幽閉抑留されて、帰国してからも大東亜戦争の開始までの実情を語ることがなかった。

ところがアメリカの大学では瀬島氏の話を聞きたがっていたようである。それで戦後二十七年以上も経った一九七二年（昭和四十七年）の十一月にハーバード大学大学院において「一九三〇年代より大東亜戦争開戦までの間、日本が歩んだ途の回顧」という講演をすることになった。ハーバードやＭＩＴ（マサチューセッツ工科大学）の国際関係学者約五十人が聴衆だったという。昭和四十七年と言えば、日本では七〇年安保、大学大紛争の余波がまだまだ強く、連合赤軍が十数人もの同志（兵士）を総括リンチで殺害したり、東大付属病院アーケードで早大生の革マル派によるリンチ殺害死体発見というような事件が続いていた。日本の大学で大東亜戦争勃発の経緯を元陸軍参謀将校に語ってもらう、などということは考えることもできない雰囲気だった（その状況は今でも本質的に変らず、日本の大学卒業生ほど軍事学の知識が欠如しているインテリは世界にない、という意見もある）。

瀬島氏のハーバード大学講演録があることを私が知ったのは、直接瀬島氏の口からであった。たしか臨時教育審議会（中曽根内閣）の折であったから、今から十二、三年前のことになる。さっそくそのハーバード大学講演録をお借りして読んだところ、まことに簡潔でありながら、目から鱗が落ちる思いがさせられる個所が少なくない。秘書にコピーを作ってもらって赤線を引きながら精読し直した（一九八八年十二月十六日金曜日午前一時三十分と読了記録が書いてある）。「なるほど岡目でなく対局していた当人はこういう考えだったのか」と納得すると同時に、瀬島氏の頭脳の明晰さに感銘するところが多かった。私はどちらかと言えば「戦史オタク」の気味があり、この前の戦争についてもいろいろ読んでいたのに、その意味が解らないままでおり、意味も知らずに使っていた用語が（この点ほかのマスコミも同様）、いとも簡潔に説明されているのである。

たとえば「御前会議」という言葉をわれわれは何度聞かされてきたことであろうか。しかしその会議の性格が説明されることはなかった。ところが瀬島氏は、日本の制度において政府と大本営は対等に併立する組織であって、どっちが上で他方を命令するという風にはなっていなかったことを指摘する。そこにシナ事変が始まる。政府だけでも、大本営だけでも対処できない。それで「大本営政府連絡懇談会」（傍点渡部）ができた。これは法的機関ではなく、便宜的措置なのに、実質的には大日本帝国の最高意志決定機関だったという。この名称は後に「大本営政府連絡会議」となり、昭和十九年七月小磯内閣成立以後は「最高戦争指導会議」となったが、中味は少しも変らない。この会議に天皇陛下が御臨席なさると「御前会議」と言っただけで、別に天皇陛下が主宰される会議というものではなかった。「御前会議」というような重要な術語を、それまで説明してくれた文献に少なくとも私は触れたことがなかった。瀬島氏の説明は一事が万事で、簡潔で明快で本質を明らかにしてくれている。

また「大東亜戦争」という呼び名についての解説も明快である。「大東亜」とは当時の地理的概念で、南はビルマ以東、北はバイカル湖以東の東アジアの大陸、及び東経一八〇度以西の西太平洋であり、インドやオーストラリアは含まれておらず、しかも戦争中に施行された法令などもみな「大東亜戦争」という言葉を使っているから、これを使うのだ、と明言しておられる。対ソ戦まで含む日本の戦争を「太平洋戦争と呼べ」と命令したマッカーサーの方がおかしいし、それに追随しているマスコミや学者もおかしい。日米戦に限っての用法としては太平洋戦争と言ってもよいだろうけれども。この点においても瀬島氏が、ハーバード大学で「大東亜戦争という呼び方を用いる」と宣言なさったことは気骨を示す正論であった。

今から四分の一世紀ほど前、私は『日本史から見た日本人』という日本通史を書き、「古代編」と「中世鎌倉編」の二巻までで休筆していた。専門分野の大きい本の完成が優先する事情があったのであるが、それを書き終えてからも日本史の方にはなかなか筆がむかなかった。そこに昭和天皇の崩御があったのである。今はなき打田良助君（当時は祥伝社編集長）にこれを機会に、「昭和編」を書き上げるようにと説得されて、『日本史から見た日本人——昭和編』（現在祥伝社黄金文庫）を書き上げたのであったが、昭和時代のような、生き証人が何千万人もいる時代の、しかも、政治・経済・外交などなど、複雑多岐にわたる時代史を概観することなどは無謀と言ってもよかった。しかし昭和史前半の主軸を成す軍事関係のことについては、いささか自信があった。特に大東亜戦争の開戦に至るまでの経緯については、瀬島氏の原稿を読んでいて、私が頭に描いていた筋道と根本的な喰い違いはない、という確信を持てたのは幸いであった。もちろん私は昭和史の専門家ではないが、生家には発刊以来の『キング』がほぼ完全に揃っており、テレビのない少年時代に、それを繰り返して読んできたため、何となく全昭和時代を体験して知っているような気になっていた。またシナ事変以降のことはそれこそ本当の体験として知っている。それで何となく昭和史についての一つの歴史像を持っていたのであるが、それが単なる「岡目」でなく、対局者であった瀬島氏のものと相似であることに深い安心感を持ったことを覚えている。そのようなことがなかったら、「昭和編」を書く自信はなかったであろう。

日本の教育制度について今日も議論が行なわれ、そのための国民会議もできた。日本の教育についての注文は私にもいろいろあるが、その一つに大学教育から軍事知識が欠如していることをあげてもよいと思う。政治家になる人に軍事に関する教育が欠けていることは独立国家として許されないことである（それが許されるのは保護国であり外交軍事を他に委《ゆだ》ねているモナコのような場合か、アメリカに軍事占領されていた時代の日本の場合である）。軍事的知識こそは国家のリーダーの持つべき最重要の秘機であることは、古代から現代まで変っていない。第二次大戦のルーズベルトやチャーチルの例をひくまでもないであろう。第二に、日本の戦後の教育においては、東京裁判史観プラス親コリア・親チャイナ左翼史観が支配的で、戦前の日本の立場や「言い分」を十分に教えられることがない。この意味でも瀬島氏の本はわが国の教育関係者の必読の書である。

瀬島氏は「敗軍ノ将ハ兵ヲ語ラズ」の美学の故か、ハーバード大学の講演録の出版には否定的だったようである。ＰＨＰ研究所の関係者に、是非、瀬島氏のこの講演録を出版するようにと私がすすめたところ、江口克彦副社長も大いに同意され、同氏の説得力によって、万人の入手しうる形にして出版されることになった。これは昭和史研究者のみならず、日本人みんなへの福音と言ってもよい。みんなが戦争に至るまでの日本の「言い分」を聞き、反省すべき点を明らかに認識すべき時なのである。

この貴重な文献がこのたびＰＨＰ文庫の一冊となり、更に広い読者の手に入るようになったことを心から慶びたい。またこのような文献を残された瀬島氏、瀬島氏を説得して出版に踏み切らせてくれた江口副社長に国民の一人として感謝する次第である。

平成十二年五月

（上智大学教授）

著者紹介

瀬島龍三（せじま　りゅうぞう）

明治44年富山県生まれ。陸軍士官学校、陸軍大学校を卒業後、昭和14年大本営陸軍参謀となり、その後、関東軍参謀を歴任。敗戦後、ソ連抑留。31年帰国し、33年伊藤忠商事に入社。機械第３部長、業務部長を経て、37年取締役就任。38年常務、43年専務、47年副社長、52年副会長を経て、53年会長となり、56年相談役、62年から特別顧問。他に、昭和56年より58年まで、第二次臨時行政調査会（土光臨調）委員、58年より61年まで、第一次臨時行政改革推進審議会（第一次行革審）委員、昭和62年より平成２年まで、第二次行革審・会長代理。

また現在、日本電信電話㈱相談役、亜細亜学園理事長、日本美術協会会長、稲盛財団会長、西本願寺門徒総代などを務める。

著書に『幾山河』（産経新聞社）、『戦略なき国家に明日はない』（共著、日本医療企画）、『祖國再生』（ＰＨＰ研究所）などがある。

この作品は、1998年7月にＰＨＰ研究所より刊行された。

ＰＨＰ文庫　大東亜戦争の実相

2000年7月17日　第1版第1刷
2005年6月28日　第1版第8刷
2025年5月8日　第2版第9刷

著　者　瀬島龍三
発行者　永田貴之
発行所　株式会社ＰＨＰ研究所
東京本部　〒135-8137 江東区豊洲5-6-52
ビジネス・教養出版部　☎03-3520-9617(編集)
普及部　☎03-3520-9630(販売)
京都本部　〒601-8411 京都市南区西九条北ノ内町11
PHP INTERFACE　https://www.php.co.jp/
制作協力　株式会社PHPエディターズ・グループ
組　版　朝日メディアインターナショナル株式会社
印刷所
製本所　大日本印刷株式会社

 ISBN978-4-569-57427-1

PHP文庫

20ポイントで理解する

太平洋戦争がよくわかる本

太平洋戦争研究会 著

太平洋戦争について、新たに勉強してみたい人、断片的な知識を一つの流れに整理したい人に最適な、わかりやすい入門書。

PHP文庫

日本海軍がよくわかる事典

その組織、機能から兵器、生活まで

太平洋戦争研究会 著

日本海軍の組織と機能、兵器、生活までを、イラストや写真満載でわかりやすく解説する。戦史ファン必携の一冊。

PHP文庫

日本陸軍がよくわかる事典

その組織、機能から兵器、生活まで

太平洋戦争研究会 著

日本陸軍の組織と機能、兵器、生活までを、イラストや写真満載でわかりやすく解説する。戦史ファン必携の一冊。

PHP文庫

20ポイントで理解する

第2次世界大戦がよくわかる本

太平洋戦争研究会 著

人類史上、最大の戦争となった第二次世界大戦。ドイツのポーランド侵攻から連合国の反撃まで、激闘の全貌とその背景をわかりやすく解説。

PHP文庫

20ポイントで理解する

日中戦争がよくわかる本

太平洋戦争研究会 著

日本が100万の兵力を投入して戦い続けた日中戦争。その引き金となった盧溝橋事件から末期の大陸打通作戦まで、全体像を平易に解説。

PHP文庫

太平洋戦争の意外なウラ事情

真珠湾攻撃から戦艦「大和」の沖縄特攻まで

太平洋戦争研究会 著

「真珠湾奇襲攻撃」をルーズベルト大統領は本当に知っていたか？　最新の資料をもとに、太平洋戦争の意外なウラ事情、30に鋭く迫る！

PHP文庫

日本陸軍20大決戦

西南戦争から沖縄戦まで

太平洋戦争研究会 著

日本陸軍、かく戦えり！――明治期の西南戦争から最後の決戦となった沖縄戦まで、80年の興亡の歴史から〝20の大決戦〟を厳選する。